商业银行模拟经营实训教程

主　编：黄淑兰
副主编：周长利　高峻峰

本书为福建省本科高校重大教育教学改革项目"普惠金融背景下'小'金融人才培养模式研究与实践"(FBJG20170287)建设成果之一；

本书为福建省虚拟仿真实验教学项目"商业银行虚拟仿真经营管理实验教学项目"建设成果之一；

丛书为福建省2018年本科教学团队项目"经济类实践课程群教学团队"（闽教高〔2018〕59号）阶段建设成果之一。

厦门大学出版社　国家一级出版社
XIAMEN UNIVERSITY PRESS　全国百佳图书出版单位

图书在版编目(CIP)数据

商业银行模拟经营实训教程/黄淑兰主编.—厦门:厦门大学出版社,2019.8
应用型本科经济类实训系列教程
ISBN 978-7-5615-7480-5

Ⅰ.①商… Ⅱ.①黄… Ⅲ.①商业银行—计算机管理系统—高等学校—教材
Ⅳ.①F830.33②F830.49

中国版本图书馆 CIP 数据核字(2019)第 116121 号

出 版 人	郑文礼
策划编辑	姚五民
责任编辑	潘 瑛 肖 越
封面设计	拙 君
技术编辑	朱 楷

出版发行	厦门大学出版社
社　　址	厦门市软件园二期望海路 39 号
邮政编码	361008
总　　机	0592-2181111　0592-2181406(传真)
营销中心	0592-2184458　0592-2181365
网　　址	http://www.xmupress.com
邮　　箱	xmup@xmupress.com
印　　刷	厦门市金凯龙印刷有限公司

开本　787 mm×1 092 mm　1/16
印张　14.25
字数　256 千字
版次　2019 年 8 月第 1 版
印次　2019 年 8 月第 1 次印刷
定价　39.80 元

本书如有印装质量问题请直接寄承印厂调换

厦门大学出版社
微信二维码

厦门大学出版社
微博二维码

前　言

区域经济、产业的创新发展，对所需人才提出了新的要求，近年来，地方本科高校纷纷面向经济发展和人才需求，调整办学定位，制定应用型转型发展战略。在以往的教学实践过程中，高校学生开展校外实训活动难度大、受众少，主要原因是企业或实践教学基地吸收接纳人员规模受限，而且由于商务实际运作过程复杂、时间长，赴企业开展实训的成本也较高。人才培养中实训教学活动开展的低比例与企业对人才动手操作能力的高要求，给地方本科高校应用型人才的培养带来了新的挑战，可见，应用型转型中实践教学观念的更新、实践教学模式的改革势在必行。

"应用型本科经济类实训系列教程"是地方本科高校在应用型转型发展中，从培养复合应用型经济人才出发，产教融合，积极开展实践实训教学内涵建设做出的积极探索。本教程的编写旨在通过教材建设推动跨专业的经济类实践课程群建设，带动贴近工作情境的校内虚拟仿真实验实训平台建设，提升师生以应用为驱动的创新能力培养，为培养对接区域经济发展需求、具备商务素养、富有创新精神的复合应用型的经济类专业人才提供教学资源支撑。

本系列教程的编者由经济类不同专业的教师组成，并邀请实践经验丰富的企业导师共同参与。教程编写中引进企业资源，并充分利用校内外实训平台、创新创业平台、学科竞赛平台资源来丰富实训内容。本教程主要适用于金融学、国际经济与贸易、经济学等经济类不同专业开展金融银行方向、理财投资方向、国际商务方向、经济统计方向的专业实训课程教学。由于教程内容设计紧密对接岗位技能训练，对于相关企业开展人员业务培训也具有一定的参考价值。

由于编者水平及认识的局限，书中如有遗漏和错误之处，望各位同仁专家和广大读者不吝赐教并予以指正。

仰恩大学经济类实践课程群教学团队

目 录

第一章 课程概述 ·· 1
 第一节 《商业银行模拟经营沙盘》简介 ··· 1
 第二节 "商业银行模拟经营实训"课程简介 ···································· 6
 第三节 课前互动 ·· 8

第二章 央行组行为模拟实训——管理端操作 ····································· 12
 第一节 实训基础理论知识准备 ·· 12
 第二节 模拟央行组实训流程 ·· 21
 第三节 模拟央行组实训规则 ·· 25
 第四节 央行组行为模拟实训 ·· 34

第三章 商业银行业务模拟实训——资金中介方操作 ························· 60
 第一节 商业银行业务概述 ··· 60
 第二节 商业银行业务推演流程 ·· 63
 第三节 模拟商行实训推演规则 ·· 66
 第四节 商业银行业务模拟实训 ·· 69

第四章 房地产企业业务模拟实训——资金需求方操作 ····················· 99
 第一节 房地产融资概述 ·· 99
 第二节 房地产企业业务推演流程 ·· 102
 第三节 房地产企业实训推演规则 ·· 105
 第四节 房地产企业业务模拟实训 ·· 108

附件：一、数据建模分析工具《商业银行沙盘数据建模》使用说明 ··· 136
附件：二、××银行企业信用评级指标体系 ······································ 145

附件:三、××银行××分行授信调查指导原则
及撰写方法(2012) ……………………………………… 151
附件:四、地产项目授信报告 ……………………………… 179
附件:五、企业金融信用业务方案送审报告 ………………… 192

参考文献 ……………………………………………………… 220

第一章

课程概述

第一节 《商业银行模拟经营沙盘》简介

一、金融概述

(一)金融概念

金融是货币资金融通的总称,主要指与货币流通、信用往来相关的各种活动。通过参与金融市场活动,各经济主体实现调剂资金余缺的目的,同时也使资金配置更趋于合理。

(二)直接融资和间接融资

按照融资方式的不同,资金融通可分为直接融资和间接融资。

1.直接融资

直接融资是资金直供方式,资金供求双方直接融通资金,无中介介入。在这种融资方式下,在一定时期内,资金盈余单位通过直接与资金需求单位协议,或在金融市场上购买资金需求单位所发行的有价证券,将货币资金提供给需求单位使用。商业信用、企业发行股票和债券以及企业之间、个人之间的直接借贷,均属于直接融资。直接融资活动也可能有金融机构介入,但金融机构在直接融资中不起中介作用,而是通过专业帮助,提高交易效率。

直接融资的优点:

(1)资金供求双方联系紧密,有利于资金快速合理配置和使用效益的提高;

(2)筹资成本较低而投资收益较大,对资金供求双方均有利。

直接融资的缺点:

(1)直接融资双方在信任程度、资金数量、期限、利率等方面受到的限制

多;

(2)直接融资使用的金融工具其流通性较间接融资要弱,变现能力较低;

(3)直接融资由供求双方直接承担违约责任,风险较大。

2.间接融资

间接融资是指资金盈余单位与资金短缺单位之间不直接发生联系,而是分别与金融中介机构发生独立的交易往来,即资金盈余单位通过存款,或者购买银行、信托、保险等金融机构发行的有价凭证,将其暂时闲置的资金先行提供给这些金融中介机构,然后由这些金融中介机构以贷款、贴现等形式,或通过购买资金需求单位发行的有价凭证,把资金提供给这些单位使用,从而实现资金融通的过程。金融机构在间接融资活动中起中介作用,即具有双重身份,一方面作为资金需求者汇集其他资金供给者的资金,另一方面作为资金供给者对其他资金需求者供给资金。

间接融资的优点:

(1)银行等金融机构网点多,吸收存款的起点低,能够广泛筹集社会各方面闲散资金,在数量上可积少成多,也可化整为零,形成巨额资金;在期限上也可以站在更高的高度和更广的范围内来匹配,满足更广泛的需要。

(2)在间接融资中,由于金融机构的资产、负债是多样化的,融资风险便可由多样化的资产和负债结构分散承担,从而安全性较高。

(3)降低融资成本。金融机构的出现是专业化分工协作的结果,专业的金融机构具备信息优势,又具备专业识别风险和控制管理风险的能力,因而降低了整个社会的融资成本。

(4)有助于解决由于信息不对称所引起的逆向选择和道德风险问题。

间接融资的缺点:

(1)资金供求双方的直接联系被割断,会在一定程度上降低投资者对企业生产的关注与筹资者对使用资金的压力和约束力。

(2)中介机构提供服务收取的一定费用增加了筹资的成本。

总之,间接融资因为具有强大的期限转换功能和规模效应以及专业化的对资金使用的有效管理,所以一般而言可以提供比直接融资更高的安全保障。因此绝大多数国家是以间接融资为主。但是随着信息披露制度和信息传导机制的不断完善以及交易机制的不断规范,直接融资的交易效率也在不断提高,直接融资成本更低的优势又被更多关注。故很多国家也在大力发展直接融资,我国也不例外。

二、商业银行概述

至今为止,我国融资结构仍以间接融资为主。而商业银行是间接融资的主要中介。作为最主要的金融机构,商业银行以利润最大化为目标,以多种金融资产与负债为经营对象,能利用负债进行信用创造,为客户提供综合性、多功能金融服务,是各国金融体系中最重要的组成部分,其数量最多,分布最广。商业银行因其产生初期主要业务是发放基于商业行为的自偿性贷款而获得"商业银行"这一名称。其区别于其他金融机构的重要特点是在众多金融机构中,只有商业银行吸收活期存款并能进行存款货币创造。这一特点也奠定了其在众多金融机构中的重要地位。

三、沙盘简介

(一)沙盘模拟实训教学方式简介

沙盘模拟实训源自西方军事上的战争沙盘模拟推演。战争沙盘模拟推演通过红、蓝两军在战场上的对抗与较量,及时发现双方战略战术上存在的问题,并寻求改进,进而提高指挥员的作战能力。

模拟实训已成为大多数世界 500 强企业中高层管理人员经营管理培训的主选课程。接受过沙盘训练的优秀中国企业已超过 6000 家。沙盘教学模式引入中国后,被北大、清华、人大、浙大等 18 所高等院校纳入 MBA、EMBA 及中高层在职培训的教学之中。这一教学方式,将学员分组扮演角色,开展经营模拟实训:

经营模拟实训分为若干年度的经营周期,每个周期要经历三个阶段:

第一阶段,制订和实施商业计划;

第二阶段,参与市场竞标、争取资源、实战经营,每个年度编制该周期经营报表;

第三阶段,各自总结经验教训,讲师适时点评,解读管理决策要点,提升学员管理决策的能力。

(二)《商业银行模拟经营沙盘》简介

《商业银行模拟经营沙盘》是借鉴欧美先进沙盘模拟实训教学方法,针对经济类专业教学特点,结合我国金融银行市场现况而设计,以商业银行经营和房地产企业经营并互为往来为例,对各自经营过程中的相关金融业务开展模拟实训推演。实训旨在为学生创造一个模拟现实的教学实践模拟课程体系。推演过程中,将学生主要分为模拟商业银行组(4~6组,以下简称模拟商行组)、模拟房地产企业组(同模拟商行组数量,以下简称模拟房企组)以及从模拟商行组和模拟房企组派人轮值组建的模拟央行、政府、消费者、外部市场组(亦可单独组队,以下简称模拟央行组)。在仿真构建的虚拟经营环境下分经营周期,按经营流程顺序,竞争性相互开展业务,并予以实时监管。竞争到最后,有的模拟商行可能无力回天,被接管清算;有的模拟商行苦苦支撑,平庸依旧;有的模拟商行则力挽狂澜,起死回生。在同样的经营起点开始,但可能有截然不同的经营结果。模拟经营者可以对经营过程中的所有决策进行反思讨论,总结经验,并在下一经营年度进行实践。

(三)仪器设备说明

1.主要仪器设备

计算机(教师端一台,学生端按组数配置)、交换机、无线路由器、麦克风、投影机等实验项目基础设备。

2.《商业银行模拟经营沙盘》全套教具

(1)沙盘盘面

盘面用于放置筹码,记录模拟商行和模拟房企的各种交易结果。包括:商业银行沙盘盘面、房地产企业沙盘盘面、中央银行沙盘盘面。

(2)筹码

用于在盘面上记录各支出现金的具体业务形成的结果。包括:

①专项筹码(见表1-1):土地、房产(商品房和别墅)、外部承兑汇票(建材行业、家居行业、高档消费品)、场外个人存款(各期限不同利率)、国债(各期限不同利率)、资质、团队。

表 1-1 专项筹码表

现金支出记账币(三种颜色)		
表面数字 100	深绿色圆形筹码	表示 1 亿元
表面数字 1	浅粉色圆形筹码	表示 100 万元
表面数字 10	深红色圆形筹码	表示 1000 万元
土地(两种颜色)		
表面数字 1	红色小长方形	表示 1 亩
表面数字 10	蓝色大长方形	表示 10 亩

续表

商品房、别墅（两种颜色）		
表面数字10	浅黄色小长方形	表示10套商品房
表面数字100	浅黄色大长方形	表示100套商品房
表面数字2	浅绿色小长方形	表示2套别墅
表面数字20	浅绿色大长方形	表示20套别墅
个人存款		
一年期	自制	基准利率+0.5%
5000万元（两年期）	蓝色长方形	基准利率+1.5%
1亿元（三年期）	绿色长方形	基准利率+2.5%
1亿元（四年期）	紫色长方形	基准利率+3%
国债		
5000万元（三年期）	黑色圆形	贷款利率−2%
5000万元（四年期）	红色圆形	贷款利率−1.5%
5000万元（五年期）	蓝色圆形	贷款利率−1%

②圆形记账筹码：深绿色（标100，代表1亿元）、浅粉色（标1，代表100万元）、深红色（标10，代表1000万元）。

(3) 现金

现金是用于模拟商行和模拟房企间、模拟商行间、模拟商行与模拟央行间、模拟商行与模拟场外个人消费者间、模拟房企和模拟场外个人消费者间以及模拟商行与模拟房企与政府间的所有现金往来中的支付工具。

现金分为三类面值的银行练功券：百万元（面额单位为1元的点钞券）、千万元（面额单位为10元的点钞券）、亿元（面额单位为100元的点钞券）。

(4) 协议书

协议书是用于模拟商行和模拟房企间所有交易的书面证明。包括：银行贷款协议、个人住房消费贷款协议、银行存款协议、委托贷款协议、同业拆借协议、土地转让协议、股权证等。

(5) 各类竞标报价单

竞标报价单用于各类业务竞标，各组填制好后报送教师端录入。包括：商业银行个人存款竞标单、商业银行票据业务竞标单、商业银行对公贷款竞标单、商业银行消费贷款竞标单、商业银行对公存款竞标单、商业银行国债竞标单、房地产公司对公贷款竞标单、房地产公司商品房和别墅订单竞标单、年房地产公司交货数据单、房地产公司对公存款竞标单、房地产公司国债竞标单等。

3.软件

杰科力商业银行模拟经营沙盘实训系统（Ⅴ3.0版）。

第二节 "商业银行模拟经营实训"课程简介

一、课程简介

以银行融资为典型代表的间接融资，目前仍是我国主要的资金融通方式。商业银行也是我国金融业极其重要的组成部分。银行方向的实训课程是应用型金融学专业应修的专业实训课之一，也是经济类和管理类专业选修的实训课之一。"商业银行模拟经营实训"课程是利用《商业银行模拟经营沙盘》开设的实训课程。本课程让学生通过"做"来"学"：通过仿真构建商业大环境，配备严格执法的模拟监管机构角色和良莠不齐的模拟客户角色，设置规定的流程让学生开展相应的业务模拟。学生需要切实地将所学的银行经营管理理念和公司金融技能付诸实践以判断具体的操作。面对虚拟房企客户提出的各种要求，模拟商行的学生需要分别进行分析判断以及决策，譬如是否受理客户所提出的贷款申请，基于什么理由不受理其贷款申请，受理贷款申请后需要如何操作、如何确保贷款安全，等等。通过操作中的自主思考，学生不仅可以加深对银行相关业务处理的理解，提高业务操作的熟练程度，更重要的是还能培养其自我管理和整体规划的能力。因此，本课程可以有效地提高学生的学习能力，使学生对所学的理论知识理解更透、记忆更深，同时学生也能体会并接触到商业银行具体的经营运作方式。

二、课程特色

本课程借鉴欧美先进的教学方法，并针对经济学专业的教学特点及我国金融银行市场的特点来设计，通过给学生创造一个接近现实的教学实践模拟课程体系，为教师教学提供多种辅助教学手段，最终实现提高学生专业水平和社会实践能力的目的，使其能争取到更多的就业机会。

（一）帮助养成良好的商业银行职业习惯

模拟实训是通过构建仿真的环境，按实际商业银行工作的操作规范和业务流程设置仿真的岗位,通过角色扮演、协同工作以及角色轮换的方式让学生从大体上把握商业银行的经营之道,并系统了解银行相关岗位(特别是信贷岗、会计岗、风险控制岗)所需的技能,同时使学生在校期间就养成按商业银行业务流程和规定实施内部控制、防范风险的良好职业习惯。

(二)体现以就业为导向的"岗位实训模式"

模拟实训有别于传统的课堂,不再是呆板的教师课堂知识灌输,学生被动吸收,而是将实际工作过程与项目教学法、任务驱动教学法、案例教学法、研究式协作学习法有机结合,形成以就业为导向的"岗位实训模式",通过采取有竞争有合作的对抗赛形式,使各方各项业务环环相扣、相辅相成。学生在具体的角色扮演下,各自秉承岗位职责,与其他队员同心协力,切实地将所学的银行经营管理理念和技能付诸实践以判断具体的操作,完成模拟经营过程,实现经营目标。以就业为导向的"岗位实训模式"能帮助学生争取到更多的就业机会,更好地实现从学校到职场的身份转变。

(三)凸显了"与现实工作的零距离"

模拟实训运用独特直观的筹码、纸币等教具,构建仿真的商业银行和房地产企业内外部竞争环境,让学生在虚拟的竞争中,真实经历数年的经营管理过程。这为学生走上实际工作岗位奠定了包括职业素养等在内的良好基础,能较好地帮助学生初步理解经营银行和企业的运作过程、竞争力及资源的有限性,感知经营战略和关键成功因素,学习用战略的眼光来解决问题,使学生通过实践提高适应商业银行工作的综合素质,深切感受金融理论对实践的指导作用,从而深刻领悟实践与理论相结合所带来的成就与意义,凸显了"与现实工作的零距离"。分析决策时利用建模分析工具,也较好地突破了金融模型难以使用于现实的窘境。

(四)提升学生综合应用能力

模拟实训经营综合性极强,只有全面理解和掌握相关多门经济管理方面的理论知识,才能在激发学生学习兴趣的基础上,更好地帮助学生完成知识的迁移和融会贯通。课程以沙盘推演、角色扮演、组别对抗竞赛的方式进行,很好地实现了理论—实践—理论的转换提升过程,能有效激发学生的学习兴趣,课堂气氛非常活跃,教学体验很有意义。竞赛性对抗能磨炼学生的商业决策敏感度,提升他们的风险管理能力和决策能力。模拟经营这种体验式实战演练锻炼了学生在实践中发现问题、提炼问题、概括问题、解决问题的综合实力,也较为系统地培养了学生管理信息化能力和企业运营综合能力,帮助提升创新意识和树立自主创业意识。

三、课程安排

(一)课程设置

依托杰科力商业银行模拟经营沙盘实训系统开设的"商业银行模拟经营实训"为理实一体化课程,教师以"理论教学+实践教学"的模式进行授课,在理论讲授的同时运用专业软件开展实训,增强学生对理论知识的感性认识,提升其掌握的效果,而非仅仅在实验室单独进行实验环节验证。依据前期基础和授课教学内容的侧重点不同,可以面向非金融专业开始初阶课程(需已完成先修课程"金融学"的学习),因非金融专业不具备金融学银行方向的相关基础知识,实训过程中需要即时补充学习教学内容。教学主要侧重在资金规划和风险意识培养,课程安排为36课时;面向金融学专业开设中阶课程,安排在"金融学""金融市场学""商业银行经营管理""中央银行学""信贷管理"教学任务完成后开设,教学主要侧重在风险控制意识培养,课程安排为36课时;从加强毕业论文环节与实践的紧密结合,培养学生综合运用所学知识和技能、理论联系实际,独立分析和解决实际问题的能力、对学生在校学习期间的学习成果进行综合总结出发,还可以利用其进行毕业设计(沙盘实训),可视为高阶课程,不少于72课时(至少两轮实训推演,让学生互换角色体验)。

(二)时间安排

建议至少四节连续安排为宜,理想状态是在连续一周内安排完;因沙盘摆放需要,同一学期安排的班级需错开周次安排。

第三节 课前互动

一、教师课程介绍

(一)课程及意义说明

实训中模拟房企代表资金需求方,模拟商行代表资金中介方,央行和银监会代表监管层(该组兼代表场外个人存款资金供给方和购房消费者以及场外其他需要融资的房地产上下游企业),各方按图1-1经营流程开展模拟实训。

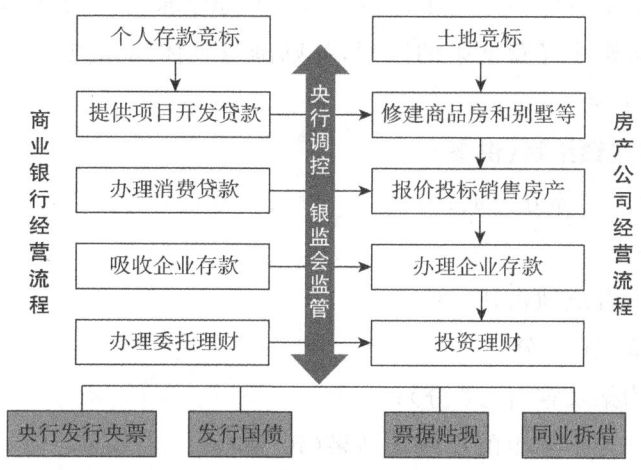

图1-1 模拟实训经营流程

(二)课程要求

1.课前准备

(1)开课班级应在课程开始前按人数情况进行分组:分为模拟商行组(4~6组)、模拟房企组(同模拟商行组组数),每组4~5人;

(2)要求学生阅读经营规则,首先按角色熟知本组实训的经营规则及过程,其次要了解业务对手的相关实训经营规则及过程,以及中央银行管理者的相关监管规则;

(3)对经营规则中不够理解的内容,希望学生能查阅相关资料加深理解(非金融学专业可参考阅读《货币银行学》《商业银行经营管理》《信贷管理学》《中央银行学》等书籍的相关内容)。

2.课中要求

(1)要求学生在教师讲解环节暂停手头工作,认真听讲,明确要求,以防后续各组重复发问浪费课堂讲解时间;

(2)要求各组紧跟管理端流程推进,在规定时间完成业务,节约其他同学的等待时间,保证教学任务能按时按量完成。

3.课后要求

(1)各组可以尽量利用课后时间进行组内讨论分析,或者外联业务对象乃至竞争对手,以尽量缩减课堂讨论时间;

(2)对于存疑部分,希望学生能自己积极查阅相关书籍资料,相互讨论达到释疑,也可以积极联络教师,及时释疑,不耽误课堂实训环节的推进;

(3)第一次课结束后请制作岗位挂牌,以便后续课程时间挂牌上岗使用;

(4)实训结束后以小组为单位按要求撰写总结报告,对经营过程中的问题进行总结,分析影响经营结果的因素,鼓励围绕具体知识点展开讨论,个人体验感悟可附于其后。

(三)课程成绩给定(供参考)

综合成绩由三部分构成:

1. 平时成绩

百分制,综合成绩占比30%。

(1)出勤情况(30分);

(2)小组构架及宣言(30分);

(3)业务处理中学生的反应和结果(40分)。

2. 上机成绩

百分制,综合成绩占比35%。

(1)电脑认定,依据模拟经营结果给出(50分);

(2)教师区别小组成员对成绩的贡献情况(50分)。

3. 总结报告

百分制,综合成绩占比35%(应用知识点越多、数据分析越深入、越能解释各步骤的决策问题,得分越高)。

(1)数据处理合规,反映经营结果(20分);

(2)小组团队对经营过程的总结(30分);

(3)对影响经营结果的因素进行分析(30分);

(4)个人在经营过程中的体验和感悟(20分)。

二、组建团队

将课前分组组队同学,按各自岗位需求明确分工。模拟房企团队数量应与模拟商行团队数量一致。

(一)模拟央行组

中央银行与消费者团队可以视参与学习的班级(专业、人数)情况,在固定组员、竞选或由各组派人轮值中选择一种方式组建,其承担政府、央行、银保监会、消费者等多重角色。组员间协调制定宏观政策,同时明确分工以便针对自己负责的小组进行各经营环节的数据核查、筹码兑换和盘面检查等。

(二)模拟房企组

模拟房企组每队均由4~5人组成,总经理负责整体运营、内外部关系协调、决策(理财经理:筹码领换、盘面摆放),会计主管负责报表与记录,财务经理负责现金流预算与投资,市场经理负责投标和销售。

(三)模拟商行组

模拟商行组每队均由4~5人组成,行长负责整体运营、内外部关系协调、决策(理财经理:筹码领换、盘面摆放),会计主管负责记账、现金流预算与报表,信贷经理负责贷款业务办理,客户经理负责存款与业务营销。

三、团队活动

(一)团队讨论

可通过小游戏等互动形式,让同学间相互了解自身特征、优点,然后组织各组同学根据个人特征进行岗位分工,明确职责并进行团队名称、标志、经营目标、顶岗设计、决策程序、议事规则等讨论,形成小组框架结构。

(二)团队构架宣讲

1.宣讲明志

请小组选举代表,介绍团队情况,宣讲明志。内容包括:团队规划、团队口号、团队名称、团队标志、团队议事规则、决策程序、奖惩制度、合作与分工等。

2.最佳组织

根据宣讲效果,各组不记名投票选出最佳组织奖两组,计入平时成绩。

3.团队相互联络、拜访

各模拟房企组和模拟商行组相互联络、拜访,为接下来的模拟经营预热。

(1)请各模拟房企组、模拟商行组分别用一张纸写出任意两家业务相关单位的一句祝愿话。

(2)模拟房企和模拟商行互相拜访友好合作单位。

第二章
央行组行为模拟实训——管理端操作

第一节　实训基础理论知识准备

一、宏观经济政策

宏观经济政策是国家或政府为增进社会经济福利而制定的解决经济问题的指导原则和措施，是政府为了达到一定的经济目的而对经济活动进行的有意识的干预。一般认为，宏观经济政策目标有充分就业、价格稳定、经济持续均衡增长、国际收支平衡和金融稳定。宏观经济调控就是为了达到这些目标而制定的手段和措施。财政政策和货币政策是宏观经济调控最常用的两个手段。

(一)财政政策

财政政策是指政府变动税收和支出以便影响总需求进而影响就业和国民收入的政策。变动税收是指改变税率和税率结构。变动政府支出指改变政府对商品与劳务的购买支出以及转移支付。它是国家宏观经济调控的主要政策之一。

(二)货币政策

国家实现宏观经济政策目标的另一主要调控方式是货币政策。货币政策就是货币当局运用各种工具调节货币供应量来调节市场利率，通过市场利率的变化来影响民间的资本投资，影响总需求来影响宏观经济运行的各种方针措施。调节总需求的货币政策的三大工具为存款准备金制度、再贴现政策和公开市场业务。

(三)货币政策传导

中央银行运用货币政策工具影响中介指标，进而最终实现既定政策目标的传导途径与作用机理,是货币政策传导机制。从运用货币政策到实现货币政策目标,这一传导机制是否完善及提高,直接影响货币政策的实施效果以及对经济的贡献。

(四)货币政策工具

货币政策工具是中央银行为达到货币政策目标而采取的手段。货币政策工具分为一般性工具和选择性工具。在过去较长时期内,中国货币政策以直接调控为主,即采取信贷规模、现金计划等工具。1998年以后,主要采取间接货币政策工具调控货币供应总量。现阶段,中国的货币政策工具主要有公开市场操作、存款准备金、再贷款与再贴现、利率政策、汇率政策和窗口指导等。2013年11月6日,央行网站新增"常备借贷便利(SLF)"栏目,并正式发布2015年常备借贷便利开展情况,标志着这一新的货币政策工具的正式使用。

1.一般性工具

一般性工具或称常规性货币政策工具,是指中央银行所采用的、对整个金融系统的货币信用扩张与紧缩产生全面性或一般性影响的手段,是最主要的货币政策工具,包括:

(1)存款准备金制度;

(2)再贴现政策;

(3)公开市场业务。

存款准备金制度、再贴现政策、公开市场业务被称为中央银行的"三大法宝",主要是从总量上对货币供应量和信贷规模进行调节。

2.选择性工具

选择性工具是指中央银行针对某些特殊的信贷或某些特殊的经济领域而采用的信用调节工具。以某些个别商业银行的资产运用与负债经营活动或整个商业银行资产运用也负债经营活动为对象,侧重于对银行业务活动质的方面进行控制,是常规性货币政策工具的必要补充,常见的选择性货币政策工具主要包括:

(1)消费者信用控制;

(2)证券市场信用控制;

(3)不动产信用控制;

(4)优惠利率;

(5)进口保证金制度。

3.补充工具

其他政策工具,除以上常规性、选择性货币政策工具外,中央银行有时还会运用一些补充性货币政策工具对信用进行直接控制和间接控制。包括：

(1)信用直接控制工具，是指中央银行依法对商业银行创造信用的业务进行直接干预而采取的各种措施，主要有信用分配、直接干预、流动性比率、利率限制、特别存款。

(2)信用间接控制工具，是指中央银行凭借其在金融体制中的特殊地位，通过与金融机构之间的磋商、宣传等，指导其信用活动，以控制信用，其方式主要有窗口指导、道义劝告。

二、金融监管

(一)金融监管

金融监管是政府通过特定的机构，如中央银行、证券交易委员会等对金融交易行为主体作的某种限制或规定。其本质上是一种具有特定内涵和特征的政府规制行为。金融监管可以分为金融监督与金融管理。金融监督指金融主管当局对金融机构实施的全面性、经常性的检查和督促，并以此促进金融机构依法稳健地经营和发展。金融管理指金融主管当局依法对金融机构及其经营活动实施的领导、组织、协调和控制等一系列的活动。

(二)我国金融监管模式变更

金融监管模式是指一国关于金融监管机构和金融监管法规的体制安排。

1983年，工商银行作为国有商业银行从中国人民银行中分离出来，实现了中央银行与商业银行的分离，标志着我国现代金融监管模式初步成形。当时，人民银行作为超级中央银行既负责货币政策制定又负责对银行业、证券业和保险业进行监督。这时的专业银行虽然对银行经营业务有较严格的分工，但并不反对银行分支机构办理附属信托公司，并在事实上成为一种混业经营模式。1984—1993年，混业经营、混业监管的特征十分突出。

20世纪90年代，随着金融衍生产品的不断增加，以及资本市场和保险业的迅速发展，1992年10月26日中国证监会成立；1998年11月18日，中国保监会成立，进一步把对证券、保险市场的监管职能从人民银行剥离出来；2003年年初银监会的成立，使中国金融业"分业经营、分业监管"的框架最终完成，由此形成了我国"一行三会"的金融监管体制。其中，银监会主要负责银行业的监管，包括四大国有商业银行、三家政策性银行和十大股份制银行，以及规模不一的各地近百家地方金融机构；保监会负责保险业的监管；证监会负责证券业的监管；人民银行则负责货币政策制定。

根据国务院 2018 年 3 月 13 日发布的机构改革方案，银监会和保监会合并，组建中国银行保险监督管理委员会，作为国务院直属事业单位，统一监管银行业和保险业。与此同时，此次改革方案还将银监会和保监会拟订银行业、保险业重要法律法规草案和审慎监管基本制度的职责划入中国人民银行。自此中国金融监管的新框架正式落地，"一委一行两会"金融监管框架包括国务院金融稳定发展委员会、中国人民银行、中国银行保险监督管理委员会、中国证监会。

三、银监指标释义

（一）银行监管

银行监管指政府对银行的监督与管理，即政府或权力机构为保证银行遵守各项规章，避免不谨慎的经营行为而通过法律和行政措施对银行进行的监督与指导。银行监管是一国金融监管体系的重要组成部分。尽管在不同的历史时期，各国金融监管的内容、手段及程度有所变化，但与其他行业相比，以银行业为主体的金融业从来都是各国管制最严格的行业。究其原因，主要是由金融业本身的特殊性及其在现代市场经济中的重要地位决定的。

（二）银监指标释义

商业银行资产充足状况评价指标：

（1）资本充足率（capital adequacy ratio）又叫资本风险（加权）资产率［capital to risk (weighted) assets ratio，CRAR］。资本充足率是一个银行的资本总额对其风险加权资产的比率。国家调控者跟踪一个银行的 CRAR 来保证银行可以化解吸收一定量的风险。资本充足率是保证银行等金融机构正常运营和发展所必需的资本比率。各国金融管理当局一般都有对商业银行资本充足率的管制，目的是监测银行抵御风险的能力。资本充足率有不同的口径，主要比率有资本对存款的比率、资本对负债的比率、资本对总资产的比率、资本对风险资产的比率等。

2010 年 9 月 12 日，由 27 个国家的银行业监管部门和中央银行高级代表组成的巴塞尔银行监管委员会宣布，世界主要经济体银行监管部门代表当日就《巴塞尔协议Ⅲ》达成一致。根据该协议，全球各商业银行的核心一级资本充足率将提升至 7%，是现行标准 2% 的 3 倍多。

《巴塞尔协议Ⅲ》规定，截至 2015 年 1 月，全球各商业银行的一级资本充足率下限将从现行的 4% 上调至 6%。其中，由普通股构成的核心一级资本占银行风险资产的下限将从现行的 2% 提高至 4.5%；此外，各银行还需增设"资本防护缓冲资金"，总额不得低于银行风险资产的 2.5%，商业银行的核心一级资本充足率将由此被提高至 7%。该规定将在 2016 年 1 月至 2019 年 1 月间分阶段执行。

Tip 1：资本充足率计算示例

美国××商业银行，总资本为 5000 万美元，表内资产总额 8 亿美元，此外还有 2 亿美元的表外项目，总资产状况如表 2-1 所示。

表 2-1　美国××商业银行总资产状况　　　　　　　　单位：万美元

资产负债表资产		表外项目	
现金	8000	回购协议	10000
政府国库券	10000	对私人公司有法律约束的信贷承诺	10000
国内银行账户	6000	表外总资产	20000
以家庭住房的一级置留权为担保的贷款	6000		
私人公司贷款	50000		
资产负债表总资产	80000		

信用风险加权量化方法，将资产信用风险以 0%、20%、50% 和 100% 四个风险权重体现，进而计算信用风险加权资产，如表 2-2 所示。

表 2-2　美国××商业银行信用风险加权资产状况　　　　单位：万美元

表内风险资产		表外项目	
表内项目		风险权重	风险资产价值
现金	8000	0	0
政府国库券	10000	0	0
国内银行资产	6000	20%	1200
以家庭住房的一级置留权为担保的贷款	6000	50%	3000
私人公司贷款	50000	100%	50000

续表

表外对等信用额			
表外项目	账面价值	转换系数	对等信用额
回购协议	10000	1.0	10000
对私人公司有法律约束的信贷承诺	10000	0.5	5000
加权风险资产总计			69200

资本充足率＝资本/风险资产×100％＝5000/69200×100％≈7.23％。

（2）核心资本充足率。《巴塞尔协议》将银行资本分为两大类：一类是核心资本，又称一级资本(tier one capital)和产权资本，是指权益资本和公开储备；另一类是附属资本，又称二级资本。核心资本(core capital adequacy ratio)是银行资本中最重要的组成部分，我国银行业监督管理委员会参考《巴塞尔协议Ⅲ》条款，规定核心资本至少要占资本总额的50％，不得低于兑现银行风险资产总额的6％（由4％上升至6％）。

商业银行的资本，包括核心资本和附属资本。

核心资本的来源包括发行普通股、提高留存利润等方式。

核心资本的构成：核心资本是金融机构可以永久使用和支配的自有资金，由实收资本、盈余公积、未分配利润、储务账户、公开储备以及包括股票发行溢价、保留利润、普通准备金和法定准备金的增值等。

核心资本充足率＝核心资本/加权风险资产总额×100％

（三）商业银行资产安全状况评价

1.不良贷款率

不良贷款是指出现违约的贷款。一般而言，借款人若拖延还本付息达3个月之久，贷款即会被视为不良贷款。不良贷款率指金融机构的不良贷款占总贷款余额的比重。在评估银行贷款质量时，把贷款按风险基础分为正常、关注、次级、可疑和损失五类，其中后三类合称为不良贷款。

正常类贷款是指借款人能够履行合同，没有足够理由怀疑贷款本息不能按时足额偿还。关注类贷款是指尽管借款人目前有能力偿还贷款本息，但存在一些可能对偿还产生不利影响的因素。次级类贷款是指借款人的还款能力出现明显问题，完全依靠其正常营业收入无法足额偿还贷款本息，即使执行担保，也可能会造成一定损失。可疑类贷款是指借款人无法足额偿还贷款本息，即使执行担保，也肯定要造成较大损失。损失类贷款是指在采取所有可能的措施或一切必要的法律程序之后,本息仍然无法收回,或只能收回极少部分。

金融机构不良贷款率是评价金融机构信贷资产安全状况的重要指标之一。不良贷款率高,说明金融机构收回贷款的风险大;不良贷款率低,说明金融机构收回贷款的风险小。银行在确定不良贷款已无法收回时,应从利润中予以注销。预期贷款无法收回但尚未确定时,则应在账面上提列坏账损失准备。

Tip 2:不良损失计提示例

以模拟实训中的经营情况为例。如图 2-1 中所示的 A 银行,其贷放给 A 房企 15000 万元为正常类贷款,B 房企 15000 万元为可疑类贷款,C 房企 10000 万元、D 房企 15000 万元为关注类贷款,E 房企 20000 万元为次级类贷款,F 房企 10000 万元为损失类贷款。

A 银行本年专项风险损失提取金额:

$=15000\times 50\% + 10000\times 2\% + 15000\times 2\% + 20000\times 25\% + 10000\times 100\% = 23000$(万元)

六家商业银行	六家房地产企业						本年专项风险损失提取金额(万)	不良贷款金额(万)	专项风险损失余额(万)
	A 贷款余额(万)	B 贷款余额(万)	C 贷款余额(万)	D 贷款余额(万)	E 贷款余额(万)	F 贷款余额(万)			
A	15000	15000	10000	15000	20000	10000	23000	45000	23000
B		30000		40000			15800	30000	15800
C		10000	20000	30000	20000			30000	11000
D				20000	10000			10000	2900
E				30000	10000		2700	10000	3100
F							0	0	0
贷款分类	正常类贷款	可疑类贷款	关注类贷款	关注类贷款	次级类贷款	损失类贷款			
风险损失提取比例	0%	50%	2%	2%	25%	100%			

图 2-1 第四年商业银行不良贷款与专项风险损失准备计提

不良贷款金额=(次级类贷款+可疑类贷款+损失类贷款)
$=20000+15000+10000=45000$(万元)

不良贷款率=不良贷款金额/总贷款余额$\times 100\% = 45000/85000\times 100\% = 52.94\%$

注:专项风险损失余额应扣除往年已提取的金额。

2. 拨备覆盖率

拨备覆盖率，也称拨备充足率，是指实际上银行贷款可能发生的呆、坏账准备金的使用比率。不良贷款拨备覆盖率是衡量商业银行贷款损失准备金计提是否充足的一个重要指标。该项指标从宏观上反映银行贷款的风险程度及社会经济环境、诚信等方面的情况。依据《股份制商业银行风险评级体系(暂行)》，拨备覆盖率是实际计提贷款损失准备对不良贷款的比率，该比率最佳状态为100%。拨备覆盖率是银行的重要指标，这个指标考察的是银行财务是否稳健，风险是否可控。

3. 贷款损失率

贷款损失率是指银行发放的贷款中发生坏账损失占各项贷款平均余额的比重。它是考核银行信贷部门工作的质量指标。认真检查此项指标，可以督促信贷工作人员必须严格执行贷款条例，对各项贷款项目的建设和生产条件，以及偿还贷款能力进行调查研究。认真参与贷款项目计划任务书和初步设计的审查工作，避免贷款损失。

4. 集团客户授信比率

单一集团客户授信集中度又称单一客户授信集中度，为最大一家集团客户授信总额与资本净额之比，不应高于15%。

(四)商业银行盈利状况评价

1. 资本收益率

资本收益率又称资本利润率，是指企业净利润(即税后利润)与平均资本(即资本性投入及其资本溢价)的比率，用以反映企业运用资本获得收益的能力，也是财政部对企业经济效益的一项评价指标。资本收益率越高，说明企业自有投资的经济效益越好，投资者的风险越少，值得继续投资，对股份有限公司来说，就意味着股票升值。因此，它是投资者和潜在投资者进行投资决策的重要依据。对企业经营者来说，如果资本收益率高于债务资金成本率，则适度负债经营对投资者来说是有利的；反之，如果资本收益率低于债务资金成本率，则过高的负债经营就将损害投资者的利益。

Tip 3：资本收益率计算示例

以模拟实训中的某模拟商行的第一年经营结果为例：

查询损益表得知：净利润为500万元；

查询资产负债表得知：所有者权益为32000万元；

资本收益率为：$500/32000 \times 100\% = 1.56\%$。

2.资产收益率

资产收益率,又称资产回报率,它是用来衡量每单位资产创造多少净利润的指标。计算公式为:资产收益率＝净利润/平均资产总额×100%。资产收益率是业界应用最为广泛的衡量银行盈利能力的指标之一,该指标越高,表明银行资产利用效果越好。说明银行在增加收入和节约资金使用等方面取得了良好的效果,否则相反。银行管理层出于战略管理的目的,通常非常密切地关注这一指标。

3.资产费用率

资产费用率,是一种计算方式,其主要计算方式为:资产费用率＝财务损益表中"营业费用本年累计数"/全年资产平均余额×100%。

全年资产平均余额＝[年初资产总额/2＋一至三季度资产总额＋年末资产总额/2]/4

(五)商业银行流动性状况评价

1.存贷比

"存贷比"应该称为"贷存比",是银行贷款余额与存款余额的比率。从银行盈利的角度讲,贷存比越高越好,因为存款是要付息的,即所谓的资金成本,如果一家银行的存款很多,贷款很少,就意味着它成本高,而收入少,银行的盈利能力就较差。

在放开贷款额度和下调存款准备金之后,控制商业银行信用扩张的最后一道屏障——存贷比指标也开始松动。2015年6月24日国务院常务会议通过《中华人民共和国商业银行法修正案(草案)》,修正案中删除了贷款余额与存款余额比例不得超过75%的规定。

但在模拟实训中,考虑到存贷比仍然是反映商业银行经营情况的很重要的指标,因此仍然把存贷比作为一个评价模拟商行流动性状况的指标,存贷比超过75%的模拟商行其监管评级得分将会下降。

2.流动性比率

流动性比率(例)是商业银行风险监管的核心指标之一。指标分别计算本币及外币口径数据。

计算公式为:流动性比例＝流动性资产÷流动性负债×100%

流动性资产包括:现金、黄金、超额准备金存款、一个月内到期同业往来款轧差后资产净额、一个月内到期债券投资、在国内外二级市场可随时变现债券投资、其他一个月内到期可变现资产(剔除不良资产)。

流动性负债包括:活期存款(不含财政性存款)、一个月内到期的定期存款

(不含政策性存款)、一个月内到期的同业往来款轧差后负债净额、一个月内到期已发行债券、一个月内到期应付利息及各种应付款、一个月内到期央行借款、其他一个月内到期负债。

监管标准值:流动性比例指标应"大于等于25%"。

3.速动比率

速动比率又称酸性试验,反映企业速动资产与流动负债的比率,是衡量企业短期偿债能力的通用比率。

速动资产是指企业拥有的现金,由有价证券和应收账款构成,不包括存货。因而速动比率比流动比率更可以反映出企业偿还短期债务的能力。一般认为速动比率以一比一为好。比率过低表示企业对偿付短期负债可能有困难;反之,则表示企业闲置资金过多。但实际上考察速动比率仍需视企业的性质、速动资产的构成和运用情况以及其他因素作综合判断。

4.超额准备金比率

超额准备金比率是指商业银行超过法定存款准备金而保留的准备金占全部存款的比率。从形态上看,超额准备金可以是现金,也可以是具有高流动性的金融资产,如在中央银行账户上的准备存款等。

商业银行在经营活动中保留的现金,就成为存款准备金。其由库存现金和在中央银行的存款两部分构成。各国一般都以法律形式规定商业银行必须保留最低数额的准备金,存放于中央银行,为法定准备金,它是法定准备金率与存款额之乘积。准备金超过法定准备金的部分,便是超额准备金。超额准备金可以是库存现金,也可以是在央行中的存款。

5.净拆借资金比率

净拆借资金比率是指银行拆入资金比例减去拆出资金比例,银监会曾把这一比例作为评价股份制商业银行风险监管体系的比例之一。

第二节 模拟央行组实训流程

管理端对模拟实训流程进行整体把控,由模拟央行组实施管理。模拟央行组由教师和学生代表共同组成,根据学生的实际情况,教师在管理端可发挥主导或指导辅助作用。在实训推演进程中,模拟央行组除了扮演央行、银保监会角色发挥制定宏观政策、监督管理职能外,还扮演场外个人消费者提供场外个人存款和场外房企营销订单,扮演场外其他行业资金需求者给场内模拟商行提供商业票据,以及扮演政府角色征收税费、实施奖惩。

一、首堂课实验步骤

(一)打开分析工具

启动软件,输入密码,创建班级,打开电子分析工具——商业银行模拟经营沙盘分析工具 111004.xls,点击"教学管理"按钮,录入分组信息;打开电子分析工具——商业银行模拟经营沙盘分析工具 111004.xls,点击"教学管理"按钮,录入各组信息(此步骤仅限于初始年);点击"商业银行沙盘分析工具"中相应班级的"商业银行模拟经营沙盘分析工具 111004.xls",通过左上角返回按钮,看到主界面(图 2-2)。

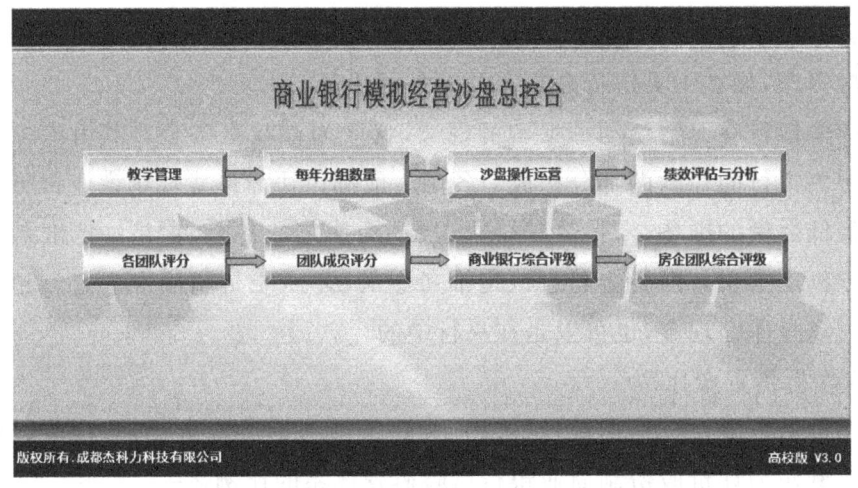

图 2-2 商业银行模拟经营沙盘分析工具主界面

(二)分发学生文件

用装有电子分析工具的加密 U 盘在教师机上导出学生端使用的 Excel 表格"学生文件",将此文件夹在 FTP 上设为共享,引导学生在我的电脑地址栏中输入共享地址;找到各公司操作文件,下载备用。

注意：

（1）注意是在学生电脑里的"我的电脑"地址栏中输入，而非在网页地址栏中输入。

（2）相关文件不能直接在共享的文件夹内打开。需要把文件从共享文件夹中复制出来，保存于学生电脑才能打开使用。

（三）学生填写报表

引导各组同学按分工填写 Excel 表格，进行成员信息录入。

二、实训流程

（一）实训流程说明

1.管理端指令推进

教师使用管理端电子分析工具，每经营年度按业务流程顺序推进引导中央银行组、模拟商行组和模拟房企组三方开展业务。

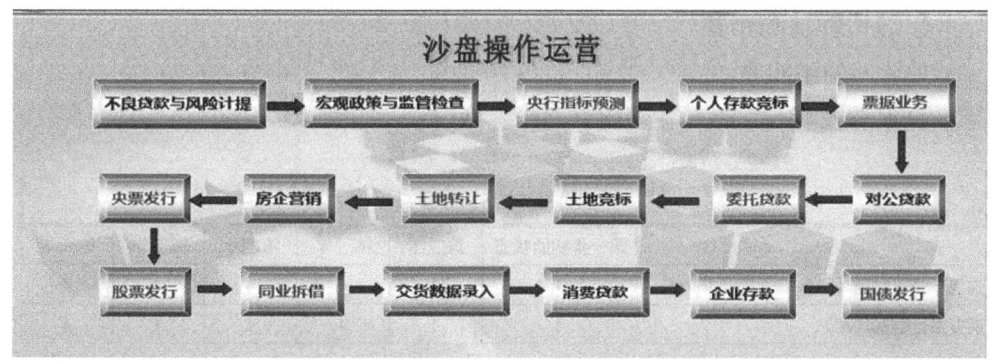

图 2-3　教师端沙盘操作运营流程界面

学生按模拟商行组和模拟房企组的分类，打开各自的 Excel 表格，按从左到右的表格顺序逐一配合教师端的指令推进业务。在同一张表格里，按从上到下的顺序指示逐一推进业务。从教师端的操作运营流程来看，按图 2-3 的顺序逐步推进完成每一步骤（如果不单独设置中央银行组而是采取轮值央行制的话，央行指标预测环节省略；如果没有土地转让、股票发行等需要的话，相应步骤也略去；土地竞标和房企营销两个环节顺序可以调整。即，可以先竞标土地再进行房企营销，也可以先房企营销明确订单再进行土地竞标或转让）。

2.学生端操作

各个业务环节涉及的模拟商行组和模拟房企组在完成每笔业务后,各自都需要在本组 Excel 表格中进行登记,并向中央银行组领换筹码,在各自盘面上进行摆放。每笔业务都通过记账和摆盘两种方式进行登记,并注意及时核对账面和桌面现金是否一致,以确保登记无误。从学生端的操作运营流程来看,从左到右每张表逐一记录,每张表从上到下逐一记录。每个已经操作过的步骤(即业务)如有需要可返回加做,未操作的步骤(业务)不能提前操作。虽然现实生活中比较灵活,各种业务客户如有需要,银行可能都会给予满足,但因为实训过程中是通过填制报表和及时核对盘面现金的方式来登账和查核,如果提前进行相关业务,在已记录的表格中无法对其进行记录。如果登记在后面的表格,又无法及时保持盘面现金和相应账面现金的对等,容易出现"账实不符",不便于及时查核有否出现错登、漏登等问题。所以,在实训推演过程中,设置了不允许将流程中后面的相关业务提前操作的规定,已经完成实训的模块以返回操作并对已记录的表格进行修改,不影响后面账面现金和盘面现金的核对;但不得提前做和记录后面的表格,以保证"账实相符"。

(二)初始状态布置

1.录入分组组数

根据分组情况,录入分组组数(图 2-4)。

各公司每年分组数量						
	第一年初始状态	第二年	第三年	第四年	第五年	第六年
房地产公司数量(家)	4	4	4	4	4	4
商业银行数量(家)	4	4	4	4	4	4

图 2-4 管理分组界面

2.布置初始盘面

回到分析工具主界面,引导各组布置初始盘面。模拟商行组盘面参见第三章第二节,模拟房企组盘面参见第四章第二节。

3.补签初始年贷款协议

按学员手册确定模拟房企组和模拟商行组初始状态的交易关系,模拟商行与模拟房企对应方补签初始年贷款协议(参见第三章附录中银行贷款协议范本。注意数字大写,年份从签订年至到期年)。

(三)第一年统一经营

第一年为非自主经营,(央行)政府、消费者市场团队按以上沙盘操作运营流程,引导各模拟商行和模拟房企按各自第一年经营单开展经营活动。模拟商行参见第三章第二节第一年任务清单;模拟房企参见第四章第二节第一年任务清单。

(四)自主经营

各模拟组根据当年的宏观政策,制定资金规划,开展自主经营,实现经营目标。具体实训步骤流程参见各模拟组的模拟实训章节(第二、三、四章的第四节)。

三、经营反思

管理端公布模拟经营结果,查看团队得分,对比商业银行综合评级表和房地产贷款综合评价表,分别对模拟商行组和模拟房企组的绩效进行评估与分析,引导各组进行经营反思。

第三节　模拟央行组实训规则

在实训推演过程中,模拟央行组为各模拟商行和各模拟房企提供领换筹码服务,并对每年的宏观政策进行商议调整,以调节消费市场总需求和货币市场总供给。同时在模拟经营过程中对模拟商行和模拟房企的行为进行及时的监督检查。除此之外,模拟央行组还扮演场外个人消费者提供场外个人存款、场外购房消费者提供房企营销订单、场外房地产企业的上下游企业(家居建材行业或高档消费品行业)资金需求者给场内模拟商行提供可贴现的商业票据,以及扮演政府角色征收税费、实施奖惩。

一、模拟实训中的计数规则

实训中遵循向上取整的计数规则。因筹码最低以百万元计数,所以整个实训过程中计数不足百万元者,均向上取整记账及摆盘(向上取整,非四舍五入)。

Tip 4：向上取整规则示例

银企两方通过洽谈签订了贷款协议，贷款金额 23000 万元整，贷款利率 7%，额度占用费率为 3%，财务评审费用 200 万元。则：

贷款利息：23000×7%＝1610（万元），取整 1700 万元；

额度占用费：23000×3%＝690（万元），取整 700 万元。

根据协议的相关条款，企业最终需支付给银行利息 1700 万元、中间业务费用 900 万元（包括额度占用费 700 万元和财务评审费 200 万元），共计 2600 万元。

二、模拟实训中货币政策制定规则

（一）第一年固定货币政策

(1) 存款基准利率：2%；贷款基准利率：8%；存款准备金率：15%（存款准备金无利息）；再贷款利率：5%；初始年存量央票的中标利率：4%（现有盘面上的央票在当时购买时的中标利率）。

(2) 第一年预计新增个人存款按每组 4 亿元提供。

（二）自主经营年份货币政策规则

自主经营年份存款基准利率、贷款基准利率、再贷款利率将因上一年度的流动性情况由系统自动生成，无法调整；模拟央行组可通过调节存款准备金率、央票发行规模、预计新增个人存款数量进行流动性调节。

注意：存款、贷款、国债与央票、委托贷款与同业拆借均在业务发生当期先行支付本期利息，到期无须支付利息，仅偿还本金。但股票在下年计算投资收益。

三、模拟实训中的监管规则

（一）对模拟商行的监管要求

(1) 存款自愿，取款自由：企业存款或提前支取，模拟商行不得拒绝，但可自主定价。

(2) 存贷利率可在基准利率 0.5～4.0 倍的范围内自行浮动。

(3) 各模拟商行存贷比可以高于 75%，但存贷比超过 75% 得分将降低。

存贷比＝（企业贷款余额＋消费贷款余额）/（个人存款余额＋企业存

余额)

(4)模拟商行资不抵债或出现流动性危机时可以申请再贷款,期限为一年。模拟商行如果主动申请再贷款,再贷款金额累计2亿元的总分将扣3分。但央行主动发起的再贷款不扣分。

(5)模拟商行每年行政管理费为1000万元,所得税为25%。

(6)模拟商行拍卖企业库存商品房和土地,企业无钱还贷拍卖土地,可以让其他企业一起参与竞拍,也可由政府以底价收购。如果该企业无抵押物,可申请高利贷,高利贷利率为30%。

(7)对资产负债率超标企业发放贷款的银行罚款1500万元。

(二)对模拟房企的监管要求

(1)模拟房企增值税为11%,所得税为25%。

(2)模拟房企每年行政管理费为2500万元。

(3)模拟房企总资产负债率不得超过65%(按贷款后年末资产总负债率计算),否则模拟商行不得为其提供新增贷款(当年仍为该企业发放贷款的银行将被罚款1500万元)。资产负债率超过65%时,企业可通过委托贷款、股权、应收款贴现等其他方式融资。

资产负债率=期末负债总额/期末资产总额×100%

(4)模拟房企和模拟商行不得采取自杀式利益输送:各组之间的交易价格不得低于成本,不得高于以前年度最大值(如以前没有交易记录,按最高成本×1.2,如土地交易价格不超过[最高成本,最高成本×1.2])。

(5)每年年末,为刺激模拟房企多销售商品房和限价房改善人民生活条件,政府将给予商品房和限价房销售量最大和次大的企业按[(5%~20%)×(商品房+限价房)]销售额奖励现金(此条由老师决定是否进行和设置奖励比例。老师视市场情况可于公布宏观政策时、土地竞拍前或订单竞标前对市场宣布)。

以上各项违规,罚款1500万元,各项罚款在当年支付。例如,在第二年提交报表后,发现资产负债率超标,罚款记在第二年。

四、模拟实训中的投融资产品相关规则

本实训中,模拟房企涉及的投融资产品包括:银行存款、票据贴现、银行贷款、委托贷款、股票、国债。

除了以上金融产品，模拟商行还涉及央票、同业拆借、央行再贷款、转贴现、消费贷款。部分金融产品规则如下：

(一)股票

各模拟房企和模拟商行均可发行、购买股票。各模拟房企自定发行股票的数量、发行价(可溢价与折价发行)、占股份比例等，但应保证控股权不变。为简化报表，在发行方记账时，股票投资款按原值计入实收资本，溢价与折价只通过股份占比不同反映。例如：当A企业股东权益为3亿元时，想通过股权筹资1亿元，如果新股东出资1亿元并占股25%(总股本4亿元，其中新股东占1亿元)，则表示按每股1元的平价发行；如果新股东出资1亿元只能占1/7股份(总股本3.5亿元，新股东占0.5亿元)，表示按每股2元溢价发行；如果新股东出资1亿元并占股40%(总股本5亿元，新股东占2亿元)，表示按每股0.5元折价发行。股票发行后，每年的净利润将按股份比例在下一年分红。

(二)央票

由模拟央行组自定发行规模，期限均为1年。央票由各模拟商行按上年贷款余额比例分别承担。央票不可提前兑付和转让，第一年为4%的年利率，由系统给定，以后自主经营年份会跟随基准利率的变化而变化。

(三)国债

溢价率高者优先购买国债，国债按5000万元整数倍购买。模拟房企和模拟商行都可购买国债，转让国债的利率由双方协商而定。国债每提前一年兑付，按1%支付手续费，单张凭证式国债不能拆分兑付。

(四)企业存款

企业存款均为协议存款，至少一年期，金额至少5000万元。模拟商行报出存款利率后(若模拟商行未报存款利率，默认以央行基准利率进行存款)，不得拒绝企业存款。

(五)票据贴现

模拟房企未到期的限价房收入可找任何一家模拟商行贴现。同时外部市场还有家居、建材、高档消费品行业的票据待贴现，由系统确定每年的外部票据总额，老师再选出具体行业票据，由贴现费低的模拟商行先选，贴现费相同则按提交顺序优先选择。当上年房地产行业销量同比上升时，高档消费品行业票据将出现延期兑付；当上年房地产行业销量同比下降时，家居、建材行业将出现延期兑付。模拟商行给出的贴现费率一般不高于该行当年发放给模拟房企的实际贷款最高利率(不含中间业务费率，如当年没有发放贷款，按基准利率)，当贴现率过高时，模拟房企可以选择不贴现；当风险过高时，模拟商行也可以选择不贴现。

五、模拟实训中的各项业务竞标规则

(一)场外个人存款竞标

1.场外个人存款数量

系统会在管理端输入的宏观政策下生成预期场外个人存款数量,央行组可根据调控需要进行修改。

2.影响竞标结果的因素

影响竞标结果的因素与营销费(权重40%)、贷款规模(权重30%)、上年个人存款额(权重20%),以及网点数(权重10%)有关。

3.场外个人存款期限

管理端可决定筹码类型(即不同期限),各模拟商行领取筹码的顺序会影响存款期限选择。各模拟商行领取筹码的顺序由竞标得分决定:

(1)第二年自主经营因此前各模拟商行的经营结果一样,所以该年以营销费高低和提交竞标单速度进行竞标评分,各模拟商行以此评分排名顺序领取选择筹码;

(2)第三年起则为营销费支出、贷款余额、存款余额、网点数量和团队数量共同决定竞标得分。

(二)场外票据竞标

由系统确定每年外部票据总额,老师再选出具体行业票据。场外票据竞标遵循"价格优先,速度优先"的原则,即贴现费收得低者胜出,费用一样的则提前交单者获得。模拟商行组上交模拟商行票据业务竞标单,管理端录入并公示竞标结果。

(三)对公贷款

对公贷款竞标规则是由贷款综合指标得分最高的模拟房企先选择模拟商行进行贷款,模拟商行如果拒绝,其同等客户的贷款利率只能依次升高。如果模拟房企贷款综合指标得分相同,再依次比较贷款规模大小来确定谈判优先权。如果模拟商行与相应模拟房企有书面约定形式的绑定,则优先。

(1)在自主经营年份的第二年,因各模拟房企贷款综合指标得分一致,需要各组报送模拟房企对公贷款竞标单明确贷款规模并公示,以规模大小确定谈判顺序。

（2）在自主经营年份的第三年及此后年份，以贷款综合指标得分排序，无须报送房企对公贷款竞标单（即模拟房企无须公开自己的贷款意愿，以免泄露本企业的经营企图）；但模拟商行组都需要报送对公贷款竞标单，明确本行各项报价（最高利率、对老客户的最低利率、额度、最低额度占用费、最低财务评审费），交由管理端录入并公示，以便模拟房企对比选择。

（四）委托贷款

模拟房企组上交房地产公司委托的贷款竞标单，模拟商行组上交商业模拟商行委托的贷款竞标单，管理端录入并公示。资金需求最多的模拟房企优先选择利率最低的委托贷款和中间业务费用率最低的模拟商行。

（五）土地竞标

每年供地亩数系统会给出建议，但管理端可根据需要进行修改；竞标遵循"价格优先，速度优先"的原则。

（六）土地转让

房企组上交土地转让竞标单，管理端录入并公示。由买入单价最高者优先挑选出让土地最多者。

（七）订单竞标

房企订单主要受供地数量（供地数量越多，则订单总数越多），各模拟房企组填报的商品房、别墅价格（价格越高，订单总数越少），各模拟房企的品牌效应（品牌效应参照此前房企投入的广告费、景观费、交货数量、团队规模等因素由系统生成，品牌效应越高，订单越多），本期的广告费投入（广告费投入越多，订单数越多），本期的景观费投入（投入越高，订单数越多）影响。各模拟房企的订单情况，不仅受自己竞标报价的影响，也受市场其他模拟房企的竞标报价的影响，这些因素共同决定了最终的市场订单总数。

品牌效应＝本年广告费＋上年销售额×0.01＋上上年销售额×0.005

（八）央票发行与购买

由系统建议每年央票发行总额，教师可进行修改。按上年新增贷款规模最大者强制购买。

（九）股票发行

各组上交竞标单，管理端录入并公示。按溢价率高者优先满足，再按照购买规模最大者依次优先满足。

（十）同业拆借

模拟商行组上交同业拆借竞标单，管理端录入并公示。由资金需求最多的模拟商行优先选择利率最低的同业拆借。

(十一)交货数据录入

房企组上交房地产公司交货数据竞标单,管理端录入并公示现金首付收入、模拟商行消费贷款、政府收购的限价房计两年期应收款及未交货订单罚款。未交货订单按未交货金额的10%罚款(含景观设计的溢价)。

(十二)消费贷款

消费贷款规模最大的模拟房企优先选择额度占用费最低的模拟商行进行贷款,模拟商行如果拒绝,其同等客户的额度占用费率只能依次上升。如果模拟商行与相应的模拟房企有书面约定形式的绑定,则优先。

(十三)对公存款

模拟房企组上交房地产公司对公存款竞标单,模拟商行组上交模拟商行对公存款竞标单,管理端录入并公示。存款规模最大的模拟房企可以优先选择存款利率最高的模拟商行,模拟商行不得拒绝。注意,此时模拟商行需考虑存款团队的存款限额,如果模拟商行与相应的模拟房企有书面约定形式的绑定,则优先。

(十四)国债

各组上交国债竞标单,管理端录入并公示。溢价率高者优先获得,如相同则按购买规模最大者依次挑选。

六、团队经营结果评分规则

将各组数据导入系统,系统自动计算指标进行排名,并自动统计绩效得分。

评分所依据的指标有:

(一)银监会对模拟商行的监管评级

资本充足率=(核心资本+附属资本)/加权风险资产总额×100%,最高者得最高分,如果低于8%或者出现空格,直接得0分,占本年评级得分5%的权重。

核心资本充足率=核心资本/加权风险资产总额×100%,最高者得最高分,如果低于4%或者出现空格,直接得0分,占本年评级得分5%的权重。

不良贷款率=(次级类贷款+可疑类贷款+损失类贷款)/五级贷款余额之和×100%,最低者得10分,出现空格(表示未在风险计提模块录入各企业贷款或无贷款),得0分,占本年评级得分10%的权重。

拨备覆盖率＝(一般准备＋专项准备＋特种准别)/(次级类贷款＋可疑类贷款＋损失类贷款)×100%，最高者得最高分，无不良贷款也得最高分，占本年评级得分5%的权重。

资本收益率(ROE)＝净利润/股东权益×100%，最高者得最高分，如果股东权益为负，直接得0分，占本年评级得分20%的权重。

资产收益率(ROA)＝净利润/平均资产总额×100%，最高者得最高分，占本年评级得分20%的权重。

存贷比＝(房产消费贷款余额＋企业贷款余额)/(个人存款余额＋企业存款余额＋同业存款余额)×100%，最低者得10分，但高于75%或出现空格直接得0分，占本年评级得分10%的权重。

超额准备金率＝(除准备金外存放在中央银行的其他存款＋库存现金)/人民币各项存款期末余额×100%，最高者得最高分，占本年评级得分5%的权重。

业务完成速度来源于团队评分中业务完成规范(速度)，占本年评级得分10%的权重。

历年抢答得分用历年成功抢答次数计分，第一名得10分，第二名得9分，第三名得8分……依此类推，占本年评级得分10%的权重。

(二)商业银行对房企贷款的综合评价

高管道德用历年违约罚金和违规操作罚金表示，罚金最低者得5分，占本年信贷综合评级得分5%的权重。

公司治理规范性来源于团队评分中业务完成规范(速度)，占本年信贷综合评级得分10%的权重。

经营风格用销售费用率计算，比率最低者表示经营稳健，得5分，出现空格(表示本年主营业务收入为0)，得最低分，占本年信贷综合评级得分5%的权重。

政府关系用拿地价格计算，地价最低者得5分，出现空格(表示本年未拿地)，得最低分，占本年信贷综合评级得分5%的权重。

公司行业地位用品牌效应计算，最高者得5分，占本年信贷综合评级得分5%的权重。

净利润查阅损益表中"净利润"，最高者得5分，占本年信贷综合评级得分5%的权重。

净利润增长额参见损益表中"净利润"计算，最高者得5分，占本年信贷综合评级得分5%的权重。

经营性现金流量＝收入－支出＝（土地转让收入＋销售收入＋委托贷款利息收入）－（竞标土地支出＋违约罚款＋收购其他公司土地支出＋建安费＋设计费＋消费贷额度占用费＋团队工资奖金＋税金＋管理费），数值最高者得5分，占本年信贷综合评级得分5％的权重。

经营性现金流量增长额参见上式计算，数值最高者得5分，依次递减1分，占本年信贷综合评级得分5％的权重。

主营业务收入查阅损益表"主营业务收入"，数值最高者得5分，占本年信贷综合评级得分5％的权重。

主营业务收入增长额参见损益表中"主营业务收入"计算，数值最高者得5分，依次递减1分，占本年信贷综合评级得分5％的权重。

流动比率＝（总资产－土地净值－金融债－国债－股权投资）/总负债×100％，数值最高者得5分，占本年信贷综合评级得分5％的权重。

速动比率＝（现金＋银行存款＋应收款）/总负债×100％，数值最高者得5分，占本年信贷综合评级得分5％的权重。

销售利润率查阅损益表计算，数值最高者得5分，占本年信贷综合评级得分5％的权重。

总资产利润率查阅损益表和资产负债表计算，数值最高者得5分，出现空格（表示总资产为0），得最低分，占本年信贷综合评级得分5％的权重。

净资产负债率查阅损益表和资产负债表计算，数值最低者得5分，出现空格（表示净资产为负），得最低分，占本年信贷综合评级得分5％的权重。

总资产负债率查阅损益表和资产负债表计算，数值最低者得5分，出现空格（表示总资产为0），得最低分，占本年信贷综合评级得分5％的权重。

七、沙盘盘面布置规则

模拟央行组盘面分上下两个部分，如图2-5所示。

上半部分摆放的是模拟商行组的各项支出：存款准备金、利息、到期个人存款、国债、央票、网点建设与运营费、税金、团队工资与招募费、营销费用、管理费用。

下半部分摆放的是模拟房企组的各项支出：土地款、商品房交货、别墅交货、限价房交货、城市工程交货、税金、团队工资与招募费、营销费用、管理费用。

其中，存款准备金、利息、到期个人存款、国债、央票、网点建设与运营费、税金、团队工资与招募费、营销费用、管理费用、土地款、团队工资与招募费摆放的是现金，其余项目摆放的是专项筹码。

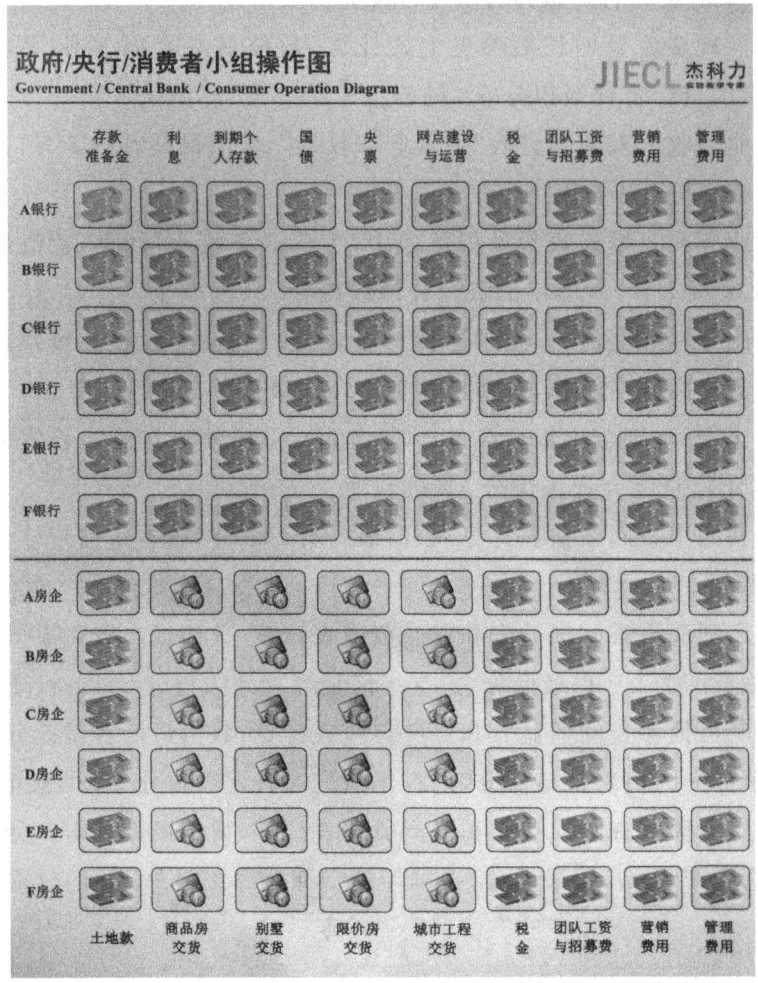

图 2-5　央行组初始盘面

第四节　央行组行为模拟实训

央行组按以下盘面操作运营流程逐步推进，通过管理端主导各模拟商行和各模拟房企开展业务往来，完成经营流程。

一、不良贷款与风险计提

由各模拟商行组的信贷经理区分贷款公司，申报账上对公贷款余额，登记在教师端表格，系统自动得出各模拟商行应计提的准备金。提醒各模拟房企组核对金额是否正确。将数据提供给模拟商行进行填写，检查模拟商行不良贷款的计提情况。

模拟商行组的会计进行表格记录，负责盘面的行长（理财经理）将被计提部分的筹码从贷款处移至专项损失准备处。不良贷款与风险计提界面如图2-6所示。

六家商业银行	六家房地产企业						银行专项风险损失提取金额(万)	不良贷款金额(万)
	A 贷款余额(万)	B 贷款余额(万)	C 贷款余额(万)	D 贷款余额(万)	E 贷款余额(万)	F 贷款余额(万)		
A							0	0
B							0	0
C							0	0
D							0	0
E							0	0
F							0	0
贷款分类	正常类贷款	正常类贷款	正常类贷款	正常类贷款	正常类贷款	正常类贷款		
风险损失提取比例	0	0	0	0	0	0		

第二年商业银行不良贷款与专项风险损失准备计提

图 2-6　不良贷款与风险计提界面

注意：如果本年度原计入不良资产的贷款，模拟房企在年底提前进行还贷，除去模拟商行和模拟房企各自登账和调整筹码，也需要到教师端修正原先填于不良贷款与风险计提界面的表格数据。

二、宏观政策与监管检查

央行与政府团队代表央行和政府，同时扮演市场消费者。本环节在自主经营后一年开始,应先引导各模拟商行和模拟房企对上一经营年度进行总结,然后宣布本年度宏观调控的货币政策和对模拟房企的奖励政策。宏观政策与外部环境界面如图 2-7 所示。

宏观政策与外部环境						
	第一年	第二年	第三年	第四年	第五年	第六年
存款利率	2.0%	2.0%	#DIV/0!	#DIV/0!	#DIV/0!	#DIV/0!
贷款利率	8.0%	8.0%	#DIV/0!	#DIV/0!	#DIV/0!	#DIV/0!
再贷款率	5.0%	5.0%	#DIV/0!	#DIV/0!	#DIV/0!	#DIV/0!
存款准备金率	15.0%	15.0%	#DIV/0!	#DIV/0!	#DIV/0!	#DIV/0!
央票发行规模(万)	0	0	0	#DIV/0!	#DIV/0!	#DIV/0!
国债发行规模(万)						
商品房和别墅调整后首付比例	30.0%	30.0%	#DIV/0!	#DIV/0!	#DIV/0!	#DIV/0!
本年预计供地规模(亩)	0	120	#DIV/0!	#DIV/0!	#DIV/0!	#DIV/0!
外部票据贴现(万元)	0	0	0	0	0	0
预计新增个人存款(万元)	160000	341000	#DIV/0!	#DIV/0!	#DIV/0!	#DIV/0!
房地产公司增值税率	11%	11%	11%	11%	11%	11%
城建工程订单(个/类)				1	1	

图 2-7 宏观政策与外部环境界面

(一)年初宏观政策制定

央行与政府团队每经营年始,需先制定该年度的宏观政策。其中,存款利率、贷款利率、再贴现率、再贷款率、外部票据、预计新增个人存款显示为白色,依据上一年的流动性和物价情况由系统自动调整,不可手动调整;其他如存款准备金率、央票发行规模、国债发行规模、商品房和别墅调整后收入比例、本年预计公司规模、房地产公司增值税率显示为浅绿色,可以依据前年度的监管结果和本年度的调控意愿,手动调整。在实训经营的第一、二年,教师可以帮助同学们复习回忆相关的知识点,梳理相关理论知识架构,查缺补漏,分析各类指标的调整对经营产生的影响,引导各组做好资金规划。

Tip 5:流动性判断——CPI 计算示例

资金总需求:土地开发款项;国债发行量;央票发行量;外部票据贴现;到期个人存款;新增存款准备金;个人存款利息;景观费;团队工资;管理费;税金和罚款。

资金总供给:各银行现有资金;各企业现有资金;新增个人存款;房产首付款;到期央票及利息;到期国债及利息;到期票据及利息;到期房产消费贷款及

利息。

流动性情况也是央行竞选的重要指标。

- $MV=PY$
- 流动性＝各组现金之和／房企交货总金额

例如：以四家银行,四家房企为例：

- 合计资金总需求 38.09 亿元：

开发贷款需求＝本年供给土地总亩数×（每套房屋开发投资额×套数）
$$=120\times(0.011\times10)=13.2(亿元)$$

到期个人存款：12 亿元；国债发行量 0；央票发行量 0；外部票据 0

新增存款准备金＝（新增存款－本年到期存款×4）×存款准备金率
$$=(34.1-6\times4)\times15\%=1.52(亿元)$$

个人存款利息＝［（存款余额－本年到期存款）×4＋新增存款］×利息率
$$=[(10-6)\times4+34.1]\times4\%=2.01(亿元)$$

景观费＝本年供给土地总亩数×每亩景观投入
$$=120\times0.025=3(亿元)$$

团队工资与网点费用＝团队工资×4＋网点费用×4
$$=0.2\times4+0.16\times4=1.44(亿元)$$

营销费与管理费＝营销费用×4＋管理费用×4
$$=(0.1+0.01)\times4+(0.1+0.25)\times4=1.84(亿元)$$

规划设计费＝本年供给土地总亩数×每亩开发套数×售价×（1＋溢价率）×10％
$$=120\times10\times0.019\times(1+0.09)\times10\%=2.49(亿元)$$

增值税：0.59 亿元

- 合计资金总供给 67.67 亿元：

各小组现金余额＝（房企现金余额＋银行现金余额）×4
$$=(0.23+3.15)\times4=13.52(亿元)$$

新增个人存款：34.1 亿元

房屋销售首付款＝首付比率×本年供给土地总亩数×每亩开发套数×售价×（1＋溢价率）
$$=0.3\times120\times10\times190\times(1+0.09)=7.46(亿元)$$

到期央票＝$4\times2=8$（亿元）

到期国债：0

到期外部票据：0

央行再贷款：0

国债利息＝4×0.14＝0.56(亿元)

票据利息：0

消费贷款利息＝消费贷余额×8%

＝(往年消费贷金额－返回的本金＋今年消费贷金额)×8%

＝[往年消费贷金额－返回的本金＋(1－首付比率)×本年供给土地总亩数×每亩开发套数×售价×(1＋溢价率)]×8%

＝[(2.50－0.5)×4＋70%×120×10×0.019×(1＋0.09)]×8%＝2.03(亿元)

往年消费贷返还本金＝0.5×4＝2(亿元)

- 资金总供给 67.67 亿元＞资金总需求 38.09 亿元
- 期末现金余额＝资金总供给－资金总需求＝29.58(亿元)
- 本年预计交货额＝本年供给土地总亩数×每亩开发套数×售价×(1＋溢价率)

＝120×10×0.019×(1＋0.09)＝24.85(亿元)

- 流动性＝29.58/24.85＝1.19

注意：景观费取 100 万元/亩～400 万元/亩的中间值 250 万元/亩；营销费为每家房地产 500 万元广告费，每家银行 500 万元营销费；管理费为每家房地产 2500 万元，每家银行 1000 万元；规划设计费为全部销售商品房，按上年价。此处的销售收入应考虑 250 万元景观投入导致 9% 的溢价(注意：不考虑 9% 的销售增长，因为此处已假设 160 亩的房屋全部卖出，即使销售增长也无房可售)；个人存款利息按平均上浮 2%。

Tip 6：宏观政策制定建议示例

央行与政府团队每经营年始，需先制定该年度的宏观政策。其中，存款利率、贷款利率、再贴现率、再贷款率显示为白色，依据上一年的流动性和物价情况由系统自动调整，不可手动调整；其他显示为浅绿色，可以依据前年度的监管结果和本年度的调控意愿，手动调整。在实训经营的第一、二年，教师可以帮助同学们复习回忆相关的知识点，说明这些指标的调整将会对各自的经营产生的影响，引导各组做好资金规划。

调控可参照表 2-3 的建议进行。其他政策操作如表 2-4 所示。

表 2-3 央行调整流动性建议

盘面常见现象	调整建议
当银行和房企现金都紧张时	(1)央行应放松流动性,包括降低存款准备金率,降低再贴现率; (2)回购未到期央票(如银行没有未到期央票,可由央行再贷款给银行,不扣分); (3)提醒银行提前兑付国债等; (4)暂停央票发行、国债发行、外部票据; (5)减少土地供给
当银行现金充裕,房企现金紧张	(1)如房企资产负债率未超标,可以降低存贷款基准利率; (2)如房企资产负债率超标,应提醒房企提前支取存款; (3)未办理的消费贷款尽快办理; (4)通过股权融资; (5)减少土地供给
当银行现金紧张,房企现金充裕	(1)提高存贷款利率; (2)提醒银行发行股票、再贴现、再贷款、提前兑付国债; (3)大量增加央行主动再贷款(此时不扣银行组的分),注入流动性; (4)暂停央票发行、国债发行、外部票据,主动回购央票; (5)提醒银行发行股票; (6)大幅降低存款准备金率
房企不愿多拿,土地拍卖不出去	(1)大幅减少土地供给数量; (2)大幅度降低房企增值税至极低; (3)对销量排名靠前的房企加大奖励; (4)提醒开发土地数量每增加一个等级,建安费会下降约3%; (5)大幅调低首付款(非常重要)比例至20%~30%; (6)大量增加央行主动再贷款(此时不扣银行组的分),注入流动性; (7)拍完土地后,先竞标订单,再生产房屋

表 2-4 其他政策操作

政策操作点	影响	调整建议
购房首付比例	影响商品房和别墅当年需求量	房价高涨时,建议提高首付比例
土地供应量	影响房地产土地开发规模	房企资金充裕时,建议多供地; 房价高涨时,建议多供地
房地产企业增值税	影响企业盈利	房地产全行业利润较低时,应大幅度降低增值税率

(二)年末监管检查

该页面其他表格用于每经营年年末的监管检查。每经营年业务完成之后,各组在查实盘面现金和账面现金相符,确保"钱账一致"后,将记账表格上传教师端电脑,再导入软件。根据表格的"错误"提示,指导各组更正错误登记;指导同学解读各评价指标的意义,利用指标了解本组与其他组经营结果的差别,对影响经营结果的因素进行分析,结合年初的资金规划,反思经营过程中的问题,并探求改进的思路。(各组在进行年度经营反思时可横向同年度组别间和纵向的本组跨年度比较。)

Tip 7:绩效评估与分析示例

在图 2-8 中,点击"绩效评估与分析",即可进入以下操作界面。

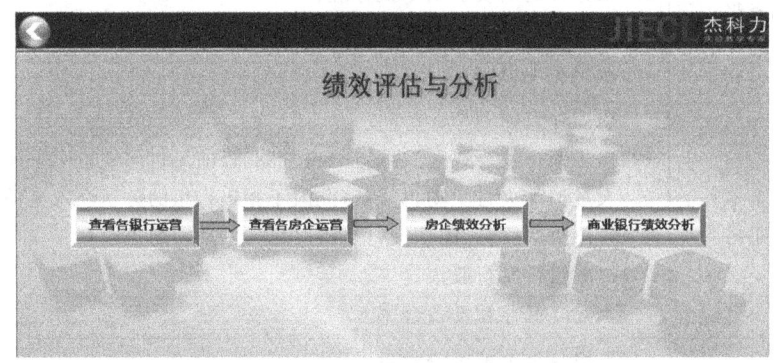

图 2-8 绩效评估与分析界面

	第一年商业银行绩效分析 单位:万 %	A	B	C	D	E	F
当年	净利润(万)	700	700	700	700	700	700
	股东权益(万)	23800	23800	23800	23800	23800	23800
	存款市场占有率	16.67%	16.67%	16.67%	16.67%	16.67%	16.67%
	新增贷款市场占有率	17%	17%	17%	17%	17%	17%
	当年中间业务净收入(万)	1900	1900	1900	1900	1900	1900
	当年主营业务收入(万)	3800	3800	3800	3800	3800	3800
	中间业务收入占主营收入比率	50%	50%	50%	50%	50%	50%
	可用资金成本率	5%	5%	5%	5%	5%	5%
	贷出资金收益率	5%	5%	5%	5%	5%	5%
累计	累计吸收存款的市场占有率	16.67%	16.67%	16.67%	16.67%	16.67%	16.67%
	贷款余额的市场占有率	17%	17%	17%	17%	17%	17%

图 2-9 商业银行绩效对比分析界面

1.查看各模拟商行运营和模拟房企运营

点击图2-8中的"查看各银行运营"和"查看各房企运营",将进入学生端操作文件,但仅能查看已拷入加密U盘相应班级中的上一期数据。

2.对比点评模拟商行绩效

点击图2-8中的"商业银行绩效分析",选择相应年份,根据系统自动生成的数据进行各模拟商行的对比点评。对比分析界面如图2-9所示。

3.对比点评各模拟房企绩效

点击图2-8中的"房企绩效分析",选择相应年份,根据系统自动生成的数据进行各模拟房企的对比点评。对比分析界面如图2-10所示。

第一年房地产企业绩效分析表							均值
	A	B	C	D	E	F	
净利润（万）	8200	8200	8200	8200	8200	8200	8200
股东权益（万）	18200	18200	18200	18200	18200	18200	18200
广告费（万）	100	100	100	100	100	100	100
主营业务收入（万）	39000	39000	39000	39000	39000	39000	39000
每亩土地成本（万）							#DIV/0!
市场占有率	16.67%	16.67%	16.67%	16.67%	16.67%	16.67%	0

图2-10　房地产企业绩效对比分析界面

Tip 8:银行监管与绩效评价示例

1.对商业银行的监管:分级对待

1级:支持＋放宽;

2级:督促＋整改;

3级:责令限期改正;

4级:增加检查频率,限制新业务,暂停部分业务,高管谈话;

5级:调整高管人员,重组或实施接管。

2.对商业银行的监管指标

(1)商业银行资产充足状况评价

资本充足率、核心资本充足率、银行资本的构成和质量、内外部融资能力等。

(2)商业银行资产安全状况评价

不良贷款率、拨备覆盖率、估计贷款损失率、集团客户授信比率、行业集中度、保证贷款和抵(质)押贷款及非信贷资产风险管理状况等。

(3)商业银行盈利状况评价

资本收益率、资产收益率、资产费用率、成本费用、收入状况、盈利水平和趋势、资产损失准备提取的影响等。

(4)商业银行流动性状况评价

存贷比、流动性比率、超额准备金比率、净拆借资金比率,资金来源的构成及其变化趋势、资产负债预测及控制情况等。

(5)商业银行管理状况评价

高层治理状况、内部控制状况、信贷风险管理制度及执行情况、对市场风险的识别与控制等。

- 拨备覆盖率 = $\dfrac{\text{一般准备}+\text{专项准备}+\text{特种准备}}{\text{次级类贷款}+\text{可疑类贷款}+\text{损失类贷款}} \times 100\%$

把所有小组报表共享,模拟商行组可各自计算拨备覆盖率、资本收益率、资产收益率、存贷比、超额准备金比率,讨论为何比其他组高或低。

- 资本收益率(ROE) = 净利润 / 股东权益 × 100%
- 资产收益率(ROA) = 净利润 / 资产总计 × 100%
- 超额准备金比率 =(除准备金外存放在央行的其他存款+库存现金)/ 各项存款 × 100%
- 存贷比 =(房产消费贷款余额+企业贷款余额)/(个人存款余额+企业存款余额)× 100%

Tip 9:商业银行资金使用收益率示例

资金使用收益率 =(各项利息收入+贴现费收入+投资收益)/(贷款余额+贴现+央票+同业拆出)× 100%

- 模拟商行计算资金使用收益率,并讨论本组拟定的贷款利率定价是否合理。

资产结构分析:

- 企业贷款占比;
- 消费贷款占比;
- 国债投资占比;
- 同业拆出占比;

- 票据贴现占比；
- 央票占比。
- 请思考上述哪项收益高于可用资金成本率。
- 绩效陷阱：请思考你的贷款是否给银行增加收益。

产权资本收益率＝(贷款收益－贷款费用－税金)/股东资本×100％

如果产权资本收益率小于社会平均资本收益率，那么股东对经营结果仍是不满意的。

三、个人存款竞标

本环节是模拟商行组根据本年度银行的经营目标，制定相应的资金规划后，通过场外个人存款竞标环节，取得主要资金来源的重要负债业务。场外个人存款竞标界面如图2-11所示。

商业银行	A	B	C	D	E	F	
营销费(万)	100	100	100	100			营销费权重
现有存款团队(个)	2	2	2	2			100%
排名得分	100.0	100.0	100.0	100.0	0.0	0.0	

图 2-11　场外个人存款竞标界面

首先，催促各模拟商行归还已到期的场外个人存款，收取现金和对应筹码；为不够偿还的模拟商行办理再贷款业务，对再贷款超过2亿元(累计)的模拟商行组实施扣3分的处罚。

其次，催促、接收并录入各模拟商行组存款营销报价，进行场外个人存款竞标，收取各模拟商行组缴付的营销费用。

再次，根据本年度竞标产生的场外个人存款数量，分配好相应期限的筹码(按期初政策中预计的场外个人存款数量准备，期限分配可自行设计)，按个人存款竞标得分大小顺序让各模拟商行组选择筹码和领取相应现金(第二年因得分相同可按提交竞标单顺序排序领取)；督促其登记入账，并核对利息开支。个人存款竞标结果如图2-12所示。

复次，提醒办理往年因额度流动性原因未及时完成的消费贷。

最后,提醒模拟房企组提前支取存款(仅第二年提醒,要求以后各模拟房企自己要注意)。

				第二年				
商业银行		A	B	C	D	E	F	
竞标得分		0.0	0.0	0.0	0.0	0.0	0.0	
个人存款总额(万)		#DIV/0!						
实际个人存款分配(万)		#DIV/0!	#DIV/0!	#DIV/0!	#DIV/0!	#DIV/0!	#DIV/0!	
		新增个人存款登记与利息速算表						单位:万
		基准利率(1年期)	基准+1%(2年期)	基准+1.5%(2年期)	基准+2%(3年期)	基准+2.5%(3年期)	基准+3%(4年期)	存款利息合计(万)
	存款利率	2.0%	3.0%	3.5%	4.0%	4.5%	5.0%	
	场外个人存款总额(万)							
银行A	需偿还	0		30000				
	已有		0	20000	20000	0	0	1500
	新增							
银行B	需偿还	0		30000				
	已有		0	20000	20000	0	0	1500
	新增							

图 2-12 个人存款竞标界面

四、票据业务

本环节是模拟商行组在对本行资产负债情况进行梳理的基础上,根据本年度银行的经营目标,做出本年度资产业务规划安排中的票据业务承办决定,然后实施。

根据年初监管反映的情况,确定去年的外部票据是予以兑付还是延期;决定本年度外部票据发行哪种。

让各模拟商行组填报欲办理的贴现规模和欲取得的贴现收入,进行外部票据贴现竞标。根据"价格优先,速度优先"的竞标原则,决定获标者,提醒各自登记和领换筹码。外部票据业务竞标界面如图 2-13 所示。

	到期票据风险		新增票据业务					
			竞争规则:由系统确定每年外部票据总额,老师再选出具体行业票据,由贴现率低的银行先选;贴现率相同按提交竞标单顺序选择					
				银行A	银行B	银行C	银行D	银行E	银行F
第二年			本年外部新增票据(万)			0			
			每5000万票据贴现费(万)						
			贴现金额(万)						
			应收贴现费(万)	0	0	0	0	0	0

图 2-13 外部票据业务竞标界面

房地产企业第二年的限价房销售款可以在第四年年初直接到账,其他年份的限价房销售款顺延;提醒第三年有贴现限价房的模拟商行领取现金(模拟商行贴现限价房收入在次年这一环节到账,而非年初)。

五、对公贷款

该环节是模拟房企组梳理本模拟房企现有的资产负债情况,根据本年度本组的经营目标和资金规划预算,通过银行贷款的方式取得经营所需资金。对公贷款业务竞标界面如图2-14所示。

首先,提醒各模拟商行,对已到期的贷款进行催收,对未到期的贷款进行财务评审费和贷款利息的收取;到期收回的贷款,若有已计提不良贷款的,要区分比例进行登记。在与模拟房企进行现金往来后,模拟商行跟模拟房企均需将相应的贷款筹码交还央行处,并领取财务费筹码进行摆盘,到期收回贷款后应将相应的贷款协议凭证进行"已归还"标示。

其次,让各模拟商行报送对公贷款竞标单,将各行填报的最高利率、最低利率、额度、额度占用费、财务评审费登记公开,模拟房企按各自顺序与模拟商行询价洽谈对公贷款,鼓励模拟商行积极上门服务;根据往年监管结果,提醒模拟商行注意对资产负债率超过65%的模拟房企贷款的罚款条件。

再次,对公贷款谈妥后,模拟商行的贷款经理和模拟房企的财务经理各自填制贷款协议凭证(第94页银行贷款协议范本),各自签字并交换签字。模拟房企方交付额度占用费、财务评审费和利息,模拟商行方将贷款金额给付模拟房企。各自登账,凭贷款协议到央行处领取筹码摆盘。

最后,提醒对公贷款环节后续如果有资金需求,可以继续办理。

		对公贷款					
	竞争规则:由贷款综合指标得分最高的企业先选银行进行贷款,银行如果拒绝,其同等客户的贷款利率只能依次升高。如果企业贷款综合指标得分相同,再依次比较贷款规模大小。						
		企业A	企业B	企业C	企业D	企业E	企业F
	贷款规模(万)	10000	10000	10000	10000		
		银行A	银行B	银行C	银行D	银行E	银行F
第一年	贷款最高年利率%	15.00%	15.00%	15.00%	15.00%		
	对老客户/大客户最低年利率%	8.00%	8.00%	8.00%	8.00%		
	额度(万)	40000	40000	40000	40000		
	最高额度占用费(一次性收取,%)	2.00%	2.00%	2.00%	2.00%		
	最高财务评审费(每年收取,万)	200	200	200	200		

图2-14 对公贷款业务竞标界面

Tip 10：关于额度的补充说明

1. 本实训推演中的额度规定

额度与模拟商行经营规模直接相关。一个营业网点容纳一个贷款团队、一个存款团队。其中，一个存款团队支持6亿元的存款吸纳；一个贷款团队支持4亿元的贷款发放。即额度跟团队成正比。如果超过，无法在表格中予以登记。

2. 贷款限额

贷款限额指的是中央银行运用指令性计划对商业银行在一个年度内的贷款总额或贷款最高额度加以限定的一种管理手段。我国从1985年开始对贷款进行限额管理。贷款限额管理仍是我国中央银行控制信用总规模、调节货币供应量的重要工具。

3. 授信额度

授信额度是商业银行为客户核定的短期授信业务的存量管理指标，简单理解为是银行给予你的信用额。其是银行向客户提供的一种灵活便捷、可循环使用的授信产品，只要授信余额不超过对应的业务品种指标，无论累计发放金额和发放次数为多少，商业银行业务部门均可快速向客户提供短期授信。授信额度一般可分为单笔贷款授信额度、借款企业额度和集团借款企业额度。确定的形式有两种：一种是凭抵压物获得；另一种是没有抵压物，完全凭个人资质获得。

六、委托贷款

该环节办理模拟房企之间的委托贷款，可公开竞标，也可由模拟房企相互联系谈好条件，选择中间费率最低的模拟商行办理（见图2-15）。模拟商行可以竞标代理模拟房企间的委托代扣款，获得中间业务收入；如果模拟房企与模拟商行有长期合作关系，也可以直接交办。

		企业A	企业B	企业C	企业D	企业E	企业F
	委托贷款						
	竞争规则：由资金需求最多的企业优先选择利率最低的委托贷款，和中间业务费率最低银行。						
第二年	需要贷款的规模（万）				15000		
	愿意贷出金额（万）					150000	
	最高年利率%						
		银行A	银行B	银行C	银行D	银行E	银行F
	中间业务费率%	2.00%	1.00%	2.00%	1.00%	1.00%	

图2-15 委托贷款业务竞标界面

Tip 11：关于委托贷款补充说明

1.委托贷款

委托贷款是指信托机构按委托人指定要求所发放的贷款。这种贷款的资金来源是特约信托存款，贷款的对象、数量和用途均由委托人决定，信托机构只负责办理贷款的审查发放、监督使用、到期收回和计收利息等事项，不负盈亏责任。信托机构只按契约规定收取一定的手续费。

2.实训推演中的委托贷款

一是资产负债率超标的模拟房企，如果无法获得模拟商行贷款，可以跟其他模拟房企联合，从其他模拟房企转贷；二是土地竞标后，出现有模拟房企没有竞标到土地后，将富余资金转贷给尚存在资金需求的模拟房企（模拟房企在竞标土地前，务必要准备好土地款，不允许模拟房企等土地竞标结果出来以后再去贷得土地款。但是后期开发资金可以等竞标土地结果明确后再寻求模拟商行支持，以防没有竞标到土地却使财务成本过高）。

七、土地竞标

该环节在模拟房企组准备好购地款的基础上，就年初宏观政策决定投放市场的土地数量，按"价格优先，速度优先"的原则，价格低者优先胜出获地，价格相同者先递交竞标单者胜出获地。如果有往年流拍的土地，也可以加入本轮竞拍。

土地价格每亩在800万元～1200万元之间，报价以50万元为一个进度。土地竞标界面如图2-16所示。

房地产公司	第二年房地产公司土地竞标							年度合计
	A	B	C	D	E	F	
本年计划供地(亩)	120						120
各公司获得土地(亩)							0
各公司应付土地款(万)	0	0	0	0	0	0	0
土地竞标单价(万)							
土地竞标数量(亩)							
	第一年	第二年					
土地竞标均价(万)		#DIV/0!					
政府供地总量(亩)		0					

图 2-16 土地竞标界面

Tip 12:土地竞标方案参考示例

土地竞标提供三种方案参考,无论哪种方案,均按"价格优先,速度优先"的原则决定竞标结果。

1.方案一

规定时间内,各自填写自己的竞标单(竞标单内明确有本组欲取得的土地亩数和意愿价格)待教师宣布开始时到教师处递交竞标单。

2.方案二

把以小组命名的 word 文档(文档中明确了各组的竞标信息,有本组欲取得的土地亩数和意愿价格)通过共享程序待宣布开始后提交。按提交先后顺序打开,公开竞得。

3.方案三

分多轮进行土地竞拍。每组均需建立命名为1、2、3、4、5 的 word 文档,文档内需包括三个方面的信息:企业代码、竞拍亩数、竞拍价格。每份文档可预计竞标情况设定不同的亩数和价格。

第一轮:进行征询,每家模拟房企分配 20 亩,每亩价格 900 万元,允许放弃分配。

第二轮:电脑竞拍剩下的土地(宏观政策中的总亩数－20 亩/家×企业数＋上轮房企放弃的亩数),竞拍时每组房企均上传命名为 1 的 word 文档至 ftp://192.168.113.110。

第三轮:电脑竞拍,竞拍时每组房企均上传命名为 2 的 word 文档至 ftp://192.168.113.110,已成功上传的小组不用加入下轮竞拍。

第四轮:电脑竞拍,竞拍时每组房企均上传命名为 3 的 word 文档至 ftp://192.168.113.110,已成功上传的小组不用加入下轮竞拍。

第五轮:电脑竞拍,竞拍时每组房企均上传命名为 4 的 word 文档至 ftp://192.168.113.110,已成功上传的小组不用加入下轮竞拍。

以此类推,价格决定土地拍卖的优先顺序,同等价格下速度优先。

以 A 为例:分配到 20 亩(每亩 900 万元),竞拍到 10 亩(每亩 950 万元),土地款共为 27500 万元。表格中按拍卖价 950 万元,填 30 亩,土地款 28500 万元,然后在第 35 行(转出土地收到现款处)填写 1000 万元的差额款。

八、土地转让

此环节是对前一环节竞标土地后的结果进行调整。模拟房企可以根据自己的实际情况,比如受资质限制的开发能力、手头上的现金情况和其他模拟房企的合作关系等,在这一环节决定是否转让土地,价格仍然限制在每亩 800 万~1440 万元。转让双方到教师端进行转让登记,然后各自交付现金、筹码,各自进行账务登记。土地转让业务竞标界面如图 2-17 所示。

		企业A	企业B	企业C	企业D	企业E	企业F
	土地转让						
	竞争规则:由买入单价最高者优先挑选出让土地最多者。						
第二年	最大出让土地(亩)			10	13		
	最高出让单价(万/亩)		1200				

图 2-17 土地转让业务竞标界面

九、房企营销

该环节是各模拟房企决定出相应商品房报价、别墅报价、广告费投放、商品房和别墅各自的景观费用投入,通过教师端电脑系统分配,竞标市场订单。房企营销竞标界面如图 2-18 所示。

第一年订单竞标						
房地产公司	A	B	C	D	E	F
商品房报价(万)	190	190	190	190		
别墅报价(万)	900	900	900	900		
广告费(万)	1000	1000	1000	1000		
品牌效应	1400	1400	1400	1400	400	400
实际商品房订单(套)	160	160	160	160	0	0
实际别墅订单(套)	8	8	8	8	0	0
团队个数	2	2	2	2		
每亩商品房景观投入(万)	250	250	250	250		
商品房景观投入获得的溢价	9%	9%	9%	9%	-6%	-6%
每亩别墅景观投入(万)	250	250	250	250		
别墅景观投入获得的溢价	9%	9%	9%	9%	-6%	-6%

图 2-18 房企营销竞标界面

各模拟房企组根据本年度土地投放情况、自己土地获得情况、本组和其他组前面的品牌效应情况等，斟酌报出商品房价格（150万～200万元/套，10万元为一进度）、别墅价格（700万～1000万元/套，50万元为一进度）、广告费投放数量、每亩景观投放数量。

如果只打算做某单一产品（即只开发商品房或者只开发别墅），只报该产品价即可，另一产品不报价，但是景观投入费仍需要填报最低100万元。不报价不会产生订单，景观投入费用即便填报也会因为无订单而清零。

根据订单情况宣布本年度有无商品房销售量奖励以及奖励比例多少。关于商品房销售奖励政策可以在本环节一开始就宣布，也可以视情况在年度初始的宏观政策环节决定宣布。

提醒模拟房企组可以根据订单数再转让土地，如发生各自登记以及交付筹码。

提醒模拟房企超过订单的开发情况可以交售政府限价房。限价房算入奖励销售量，但只作政府应收款入账，两年后才能取得现金。如有提前变现需要可以进行限价房收入贴现。

提醒景观投放对限价房的影响。

十、央票发行

该环节根据过去的这一年各模拟商行贷款量的增加情况，教师端系统依据年初宏观政策制定时的央票发行数量进行分配，按系统生成的利率，强制购买。央票发行界面如图2-19所示。

首先，兑付到期的央票，模拟商行各自登账交付筹码。

其次，办理本年度的央票发行，按上年新增贷款规模，系统已分配好各模拟商行组的央票，各模拟商行组到模拟央行缴付款项，领取利息及筹码并进行摆盘登账。

最后，如期末市面存在流动性过剩，央行计划；如果流动性紧张，亦可提前兑付。

央票发行与购买

竞争规则：按上年新增贷款规模最大者强制购买。

第二年	本年发行规模（万）	0		期限（年）		1年	
	年收益率%	4.00%					
		银行A	银行B	银行C	银行D	银行E	银行F
	上年新增贷款规模（万）	38600	0	0	0	0	0
	各银行央票分摊（万）	0	0	0	0	0	0
	央票应收利息（万）	0	0	0	0	0	0

图 2-19 央票发行界面

十一、股票发行与购买

各模拟房企和模拟商行均可发行股票和购买股票。各模拟房企自行决定发行股票的数量、发行价（可溢价与折价发行）、占股份比例等，但应保证其控股权不变。为简化报表，在发行方记账时，股票投资款按原值计入实收资本，溢价与折价只通过股份占比不同反映。股票发行界面如图 2-20 所示。

股票发行与购买

购买规则：按溢价率高者优先满足，再按照购买规模最大者依次优先满足。

第二年		银行A	银行B	银行C	银行D	银行E	银行F	企业A
	上年所有者权益	32000	30500	30500	30500	30500	30500	15400
	股票发行规模（万）							
	占股权比例%							
	购买规模（万）							
	溢价（万）							
	溢价率%	#DIV/0!	#DIV/0!	#DIV/0!	#DIV/0!	#DIV/0!	#DIV/0!	

图 2-20 股票发行界面

例如：当 A 企业股东权益为 3 亿元时，想通过股权筹资 1 亿元，如果新股东出资 1 亿元并占股 25%（总股本 4 亿元，其中新股东占 1 亿元），则表示按每股 1 元的平价发行；如果新股东出资 1 亿元只能占 1/7 股份（总股本 3.5 亿元，新股东占 0.5 亿元），表示按每股 2 元溢价发行；如果新股东出资 1 亿元并占股 40%（总股本 5 亿元，新股东占 2 亿元），表示按每股 0.5 元折价发行。股票发行后,每年的净利润将按股份比例在下一年分红。

十二、同业拆借

本环节办理同业拆借业务。同业拆借是各模拟商行间进行短期、临时性资金融通的行为。各模拟商行应对本行的资产负债情况进行梳理,明确本行业务目前的资金头寸情况和额度情况;如模拟商行有额度,缺现金或者考虑来年年初归还场外个人存款的流动性准备不足,可以在本环节及后续与其他流动性充裕的模拟商行洽谈拆借业务。

有拆入需求和有拆出可能的模拟商行各自联系,交付资金,到央行组领回筹码,各自摆盘登账。同业拆借竞标界面如图2-21所示。

	同业拆借						
	竞争规则:由资金需求最多的银行优先选择利率最低的同业拆借。						
		银行A	银行B	银行C	银行D	银行E	银行F
第二年	需要贷款的规模(万)				30000		
	愿意贷出金额(万)	20000	30000				
	贷出款项最高年利率%	4.00%	5.00%				

图2-21 同业拆借竞标界面

Tip 13:关于同业拆借的补充说明

同业拆借又称同业拆款、同业拆放、资金拆借,是金融机构之间进行短期、临时性头寸调剂的市场。它是指具有法人资格的金融机构及经法人授权的金融分支机构之间进行短期资金融通的行为,在一些国家特指吸收公众存款的金融机构之间的短期资金融通,目的在于调剂头寸和临时性资金余缺。金融机构在日常经营中,由于存放款的变化、汇兑收支增减等原因,在一个营业日终了时,往往出现资金收支不平衡的情况,一些金融机构收大于支,另一些金融机构支大于收,资金不足者要向资金多余者融入资金以平衡收支,于是产生了金融机构之间进行短期资金相互拆借的需求。资金多余者向资金不足者贷出款项,称为资金拆出;资金不足者向资金多余者借入款项,称为资金拆入。一个金融机构的资金拆入大于资金拆出叫净拆入;反之,叫净拆出。

十三、交货数据录入

本环节模拟房企根据所在组获得的订单、土地以及资金情况,决定交付多少商品房、别墅和限价房。根据各组上交的房屋数量,输入实际交货数,系统将自动计算出现金收入和消费贷款金额。交货数据登记界面如图 2-22 所示。

	交付种类	第一年房企交货					
		A	B	C	D	E	F
订单交付	本年度商品房应交付订单套数	290	290	290	290	290	290
	本年度商品房实际交付订单套数	150	150	150	150	150	150
	商品房实际交付订单收入(万)	30000	30000	30000	30000	30000	30000
	本年度别墅应交付订单套数	12	12	12	12	12	12
	本年度别墅实际交付订单套数	10	10	10	10	10	10
	别墅实际交付订单收入(万)	9000	9000	9000	9000	9000	9000
政府收购	政府收购商品房单价(万)	150	150	150	150	150	150
	政府收购的商品房套数						
	政府收购的商品房收入(万)	0	0	0	0	0	0
商品房和别墅订单交付总收入(万)		39000	39000	39000	39000	39000	39000
其中:现金收入(万)		11700	11700	11700	11700	11700	11700
银行消费贷款(万)		27300	27300	27300	27300	27300	27300
政府收购总现金收入(万)		0	0	0	0	0	0

图 2-22 交货数据登记界面

首先,模拟房企组交付建安费、广告费,将现金和土地筹码交至央行和市场管理处,领回相应的房屋筹码;

其次,模拟房企组提交教师端交货数据,教师予以录入,根据当年首付比例情况,通知房地产企业交房领取现金首付;

最后,提醒模拟商行组关注消费贷金额,准备自己的消费贷竞标单。

十四、消费贷

本环节由模拟房企代购房者向模拟商行申请办理消费信贷,完成自己销售房款的取得。消费贷款业务竞标界面如图 2-23 所示。

首先,由各模拟商行报送消费贷竞标单,要明确两个数据:一个是额度,另一个是最高额度占用费率。教师端录入公布。

其次,模拟房企按消费贷的规模大小依次选择模拟商行谈妥贷款。房企交付额度占用费,模拟商行交付现金,模拟商行领取消费贷款筹码,模拟房企领取额度占用费支出的筹码,各自登账摆盘。

再次,提醒模拟商行去央行消费者市场处领取利息和每年归还的等额本金,提醒同学们注意消费贷的承担者是消费者,模拟房企只是代办理。

最后,因为额度、流动性原因未取得消费贷的模拟房企,进行未贷得消费贷应收账款登记,在下一年年初模拟商行获得场外个人存款后补发。

		消费贷款					
	竞争规则: 消费贷款规模最大的企业先选额度占用费最低的银行进行贷款,银行如果拒绝,其同等客户的额度占用费率只能依次上升。						
第一年		企业A	企业B	企业C	企业D	企业E	企业F
	消费贷款规模(万)	28600	28600	28600	28600	0	0
		银行A	银行B	银行C	银行D	银行E	银行F
	额度(万)	30000	30000	30000	30000		
	最高额度占用费(一次性收取,$)	2.00$	2.00$	2.00$	2.00$		
	本次实际发放消费贷款(万)	28600	28600	28600	28600		
	本年未办理的消费贷款总额(万)	0					
	年初补发消费贷款(万)						
	当年收到利息(万)	2300	2300	2300	2300	0	0
	当年收到等额还款金额(万)	0	0	0	0	0	0

图 2-23 消费贷款业务竞标界面

Tip 14:关于消费贷补充说明

1.消费贷

消费贷款亦称"消费者贷款"。消费贷款实训中简称"消费贷",消费贷是对消费者个人贷放的,用于购买耐用消费品或支付各种费用的贷款。长期以来,商业银行主要对工商企业或其他各类机构和团体发放贷款,一般不对个人消费支出提供资助。第二次世界大战后,商业银行大规模开办消费贷款业务,主要原因在于:(1)金融业竞争日益激烈,为谋求发展,商业银行需要开拓新的业务领域。(2)战后西方经济发展比较稳定,个人有比较可靠的货币收入。(3)日益增多的各类征信机构,使得银行可以以较低的成本了解到借款人的信用状况,保证贷款的安全。(4)西方国家居民为避免通货膨胀影响,也乐于利用消费贷款。消费贷款的迅速发展,对于推销产品、促进生产发展起到了重要作用。消费贷款依据不同标准划分为不同的种类。从偿还期看,可分为一次偿还贷款和分次偿还贷款；从银行与消费者的借贷关系看，可分为直接贷款与间接贷款；依据贷款的用途，又分为汽车贷款、住宅贷款、住宅改良或修缮贷款、教育和学资贷款、小额生活贷款、度假和旅游贷款等。本实训推演中的消费贷，仅是个人住房消费信贷。

2.实训中的消费贷

实训中模拟商行向模拟房企贷出消费贷，会向模拟房企收取一定的额度占用费。但现实中办理的消费贷并不占用企业额度。因此一般称作资金安排费。但对房地产企业来说是一样的，是一种融资成本。

十五、对公存款

该环节办理模拟房企收到货款后将现金存入模拟商行的对公存款业务。模拟房企在实现销售房收入后，可以选择存款到模拟商行（可以获得一定利息收入），也可以选择提前归还模拟商行对公贷款（降低自身的资产负债率，对银行来说可以降低存贷比）。对公存款业务竞标界面如图2-24所示。

首先，模拟商行根据自身对资金的需求情况，报送对公存款竞标利率；模拟房企根据自身对资金的规划安排，报送对公存款规模，提交教师端录入并公布。

其次，模拟房企按存款规模大小选择模拟商行办理对公存款业务。银行与企业间如有先前约定的优先办理。

再次，提醒模拟商行注意存款额度。

最后，提醒模拟商行和模拟房企注意提前支取的违约条件约定。

«	对公存款竞标						
	竞争规则： 存款规模最大的企业可以优先选择存款利率最高的银行，银行不得拒绝。						
第一年		企业A	企业B	企业C	企业D	企业E	企业F
	存款规模（万）						
		银行A	银行B	银行C	银行D	银行E	银行F
	存款最低年利率%						

图2-24 对公存款业务竞标界面

十六、国债业务

国债业务根据年初宏观政策制定时设定的国债发行规模进行,各模拟商行和模拟房企根据自身资金规划安排开展相应的资产业务。国债业务竞标界面如图 2-25 所示。

首先,如有前面发行的到期,先行兑付本金(第二年兑付初始年的两年期国债,第四年兑付第一年的三年期国债)。

其次,宣布本年度国债发行情况、规模和期限。

再次,各模拟商行和各模拟房企根据自身资金规划报送国债竞标单,含意向购买规模和愿意支付溢价。

复次,按"价格优先,速度优先"的原则竞标购买国债。

最后,各获标国债业务的模拟商行或模拟房企缴付溢价和购买国债款。所有有未兑付国债的模拟商行和模拟房企取得国债利息收入。各自领换筹码,摆盘登账。

		国债发行与购买											
		购买规则:按溢价率高者优先挑选,再按购买规模最大者依次优先挑选。											
	本年发行规模(万)	0											
		银行A	银行B	银行C	银行D	银行E	银行F	企业A	企业B	企业C	企业D	企业E	企业F
第二年	期望购买规模(万)												
	愿意支付的溢价(万)												
	溢价率	#DIV/0!	#DIV/0!	#DIV/0!	#DIV/0!	#DIV/0!	#DIV/0!	#DIV/0!	#DIV/0!	#DIV/0!	#DIV/0!	#DIV/0!	#DIV/0!
第二年实际购买国债(万)	5年期(贷款利率-1%)												
	4年期(贷款利率-1.5%)												
	3年期(贷款利率-2%)												
第二年兑付国债(万)	5年期(贷款利率-1%)												
	4年期(贷款利率-1.5%)												
	3年期(贷款利率-2%)												
	提前兑付的手续费												
	本年国债应收利息(万)	1400	1400	1400	1400	1400	0	0	0	0	0	0	0

图 2-25 国债业务竞标界面

十七、数据核查和监管

(一)数据收集与核查

各组在模拟经营年度所有业务完成以后,核查账面与盘面现金是否一致无误,确认一致无误后,即把表格在共享状态下发送教师端收取,教师把该共享文件夹中的所有 EXL 文件导入到加密 U 盘中的"商业银行沙盘分析工具"

相应班级中,替换相应的 EXL 文件,系统将根据这些文件生成其他报表数据(注意:此时被替换的 EXL 文件应先关闭)。然后点击"宏观政策与外部环境",逐一核对房地产销售金额检查表、房地产公司资产负债检查表、房地产土地款支付检查表、商业银行存贷比检查表、房地产公司广告费支付检查表、商业银行营销费支付检查表、房地产公司商品房景观投入检查表、房地产公司限价房收入检查表、房地产公司别墅景观投入检查表、商业银行专项损失准备金支付检查表、房地产公司土地竞标数量检查表、商业银行存款准备金支付检查表、房地产公司增值税率检查表、商业银行存款利息检查表、房地产企业国债利息检查表、商业银行国债利息检查表、房地产企业交货数量检查表、商业银行消费贷款利率检查表、房地产企业盘面现金核对表、商业银行盘面现金核对表、商业银行消费贷款核对表。如教师端与学生端数据不符,相关的表格内容会有错误提示,按其提示调整修改至正确。

(二)绩效评估与分析

公布资产负债率超标企业名单,提醒银行组对公贷款应谨慎选择贷款对象及罚款相关事项。

点击图 2-26 的"绩效评估与分析",即可进入以下操作界面。

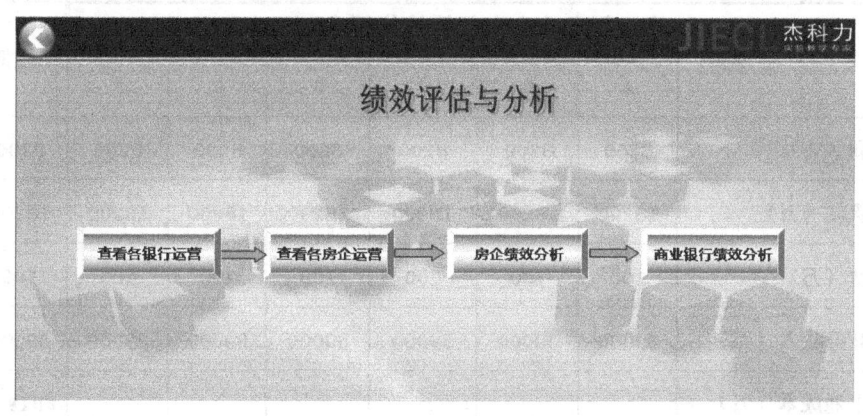

图 2-26　绩效评估与分析界面

1.查看各银行运营和房企运营

点击图 2-26 中的"查看各银行运营"和"查看各房企运营",进入学生端操作文件,但仅能查看已拷入加密 U 盘相应班级中的上一期数据。

2.对比点评商业银行绩效

点击图 2-26 中的"商业银行绩效分析",选择相应年份,根据图 2-27 中系统自动生成的数据进行各银行的对比和点评。

第一年商业银行绩效分析　单位:万　%

		A	B	C	D	E	F
当年	净利润（万）	700	700	700	700	700	700
	股东权益（万）	23800	23800	23800	23800	23800	23800
	存款市场占有率	16.67%	16.67%	16.67%	16.67%	16.67%	16.67%
	新增贷款市场占有率	17%	17%	17%	17%	17%	17%
	当年中间业务净收入（万）	1900	1900	1900	1900	1900	1900
	当年主营业务收入（万）	3800	3800	3800	3800	3800	3800
	中间业务收入占主营收入比率	50%	50%	50%	50%	50%	50%
	可用资金成本率	5%	5%	5%	5%	5%	5%
	贷出资金收益率	5%	5%	5%	5%	5%	5%
累计	累计吸收存款的市场占有率	16.67%	16.67%	16.67%	16.67%	16.67%	16.67%
	贷款余额的市场占有率	17%	17%	17%	17%	17%	17%

图 2-27　商业银行绩效对比分析界面

第一年房地产企业绩效分析表

	A	B	C	D	E	F	均值
净利润（万）	8200	8200	8200	8200	8200	8200	8200
股东权益（万）	18200	18200	18200	18200	18200	18200	18200
广告费（万）	100	100	100	100	100	100	100
主营业务收入（万）	39000	39000	39000	39000	39000	39000	39000
每亩土地成本（万）							#DIV/0!
市场占有率	16.67%	16.67%	16.67%	16.67%	16.67%	16.67%	0

图 2-28　房地产企业绩效对比分析界面

3.对比点评各模拟房企绩效

点击图 2-26 中的"房企绩效分析"，选择相应年份，根据图 2-28 中系统自动生成的数据进行各模拟房企的对比和点评。（参见第二章第三节六、评分规则对各模拟房企对比点评，图 2-29、图 2-30 为相应的监管评级和综合评价表。）

项目		第一年银监会对商业银行的监管评级										
		A		B		C		D		E		F	
		比率	得分	比率	得分	比率	得分	比率	得分	比率	得分	比率	得分
状况 20分	拨备覆盖率	#DIV/0!		#DIV/0!		#DIV/0!		#DIV/0!		#DIV/0!		#DIV/0!	
盈利状况 20分	资本收益率（ROE）	3%		3%		3%		3%		3%		3%	
	资产收益率（ROA）	1%		1%		1%		1%		1%		1%	
流动性 20分	存贷比	74%		74%		74%		74%		74%		74%	
	超额准备金比率	15%		15%		15%		15%		15%		15%	
态度评价 20分	业务完成规范（速度）												
	团队合作（本年抢答）												
	累计抢答得分	0		0		0		0		0		0	
	评级得分	0		0		0		0		0		0	
	小组成绩	#DIV/0!		#DIV/0!		#DIV/0!		#DIV/0!		#DIV/0!		#DIV/0!	

图 2-29 政府对商业银行的监管评级

		第一年房地产贷款综合评价表										
		A		B		C		D		E		F	
		指标	排名得分	指标	排名得分	指标	排名得分	指标	排名得分	指标	排名得分	指标	排名得分
管理层素质(25%)	高管道德	0		0		0		0		0		0	
	公司治理规范性												
	经营风格	0.00		0.00		0.00		0.00		0.00		0.00	
市场竞争力(5%)	政府关系	#DIV/0!		#DIV/0!		#DIV/0!		#DIV/0!		#DIV/0!		#DIV/0!	
	公司行业地位	100		100		100		100		100		100	
公司经营前景(30%)	净利润（万）	8200		8200		8200		8200		8200		8200	
	净利润增长额												
	经营性现金流量（万）	21400		21400		21400		21400		21400		21400	
	经营性现金流量增长额												
	主营业务收入（万）	39000		39000		39000		39000		39000		39000	
	主营业务收入增长额（万）												
偿债能力(10%)	流动比率	201%		201%		201%		201%		201%		201%	
	速动比率	201%		201%		201%		201%		201%		201%	
盈利能力(10%)	销售利润率	28%		28%		28%		28%		28%		28%	
	总资产利润率	31%		31%		31%		31%		31%		31%	
负债水平	净资产负债率	93%		93%		93%		93%		93%		93%	
	总资产负债率	48%		48%		48%		48%		48%		48%	
	信贷综合评级得分	0		0		0		0		0		0	
	本年度抢答次数												
	累计抢答次数与得分(10%)	0		0		0		0		0		0	
	成绩得分	#DIV/0!		#DIV/0!		#DIV/0!		#DIV/0!		#DIV/0!		#DIV/0!	

图 2-30 房地产贷款综合评价表

十八、年末经营反思

将各组报表共享，各组可以对比分享本组与其他组的相关指标，也可以对本组年初计划的执行情况进行讨论和总结，同时对本年度的经营情况进行反思。

第三章
商业银行业务模拟实训——资金中介方操作

第一节 商业银行业务概述

按业务复杂程度和对网点的依赖程度,商业银行业务可分为两块:一部分是传统业务,包括一般贷款、简单外汇买卖、贸易融资等,主要是靠大量分行网络、业务量来支持。另一部分是复杂业务,如衍生产品、结构性融资、租赁、引进战略投资者、收购兼并上市等,这些并不是非常依赖分行网络,是高技术含量、高利润的业务领域。

按照其资产负债表的构成,银行业务主要分为三类:负债业务、资产业务、中间业务。

一、负债业务

负债业务是商业银行形成资金来源的业务,是商业银行中间业务和资产业务的重要基础。商业银行负债业务主要由存款业务、借款业务、同业业务等构成。商业银行负债是银行由于受信而承担的将以资产或资本偿付的能以货币计量的债务。存款、派生存款是银行的主要负债,约占资金来源的80%以上,另外,联行存款、同业存款、借入或拆入款项或发行债券等,也构成银行的负债。

(一)自有资金

商业银行的自有资金是指其拥有所有权的资本金。主要包括股本金、储备资金以及未分配利润。其中,股本金是银行成立时发行股票所筹集的股份资本;储备资本即公积金,主要是税后利润提成而形成的,是用于弥补经营亏损的准备金;未分配利润是指经营利润尚未按财务制度规定进行公积金提取或者分利处置的部分。

在商业银行的全部信贷资金来源中,自有资金占比小,但在银行经营活动中发挥着不可替代的作用。首先,它是商业银行开业并从事银行业务的前提;其次,它是商业银行资产风险损失的物质基础,为银行债权人提供保障;最后,它成为提高银行竞争力的物质保证。

(二)存款负债

存款是银行负债业务中最重要的业务,是商业银行资金的主要来源。吸收存款是商业银行赖以生存和发展的基础,占到负债总额的70%以上。

商业银行的存款种类可以按不同的标准来划分:按存款性质可划分为活期存款、定期存款、储蓄存款和通知存款等;按时间长短可划分为短期、中期、长期存款;按存款的经济来源可划分为工商业、农业、财政性、同业存款等。

(三)借款负债

借款负债是商业银行通过票据的再抵押、再贴现等方法从中央银行融入资金和通过同业拆借市场向其他银行借入短期资金的活动。

(1)向中央银行借款,是商业银行为了解决临时性的资金需要进行的一种融资业务。向中央银行借款的方式有再贴现、再抵押和再贷款等。

(2)同业借款,是商业银行向往来银行或通过同业拆借向其他金融机构借入短期资金的活动。同业借款的用途主要有两个方面:一是为了填补法定存款准备金的不足,这一类借款大都属于日拆借行为;二是为了满足银行季节性资金的需求,一般需要通过同业拆借市场来进行。同业借款在方式上比向中央银行借款灵活,手续也比较简便。

(3)其他负债。其他负债是指商业银行利用除存款负债和借款负债以外的其他方式形成的资金来源。主要包括:代理行的同业存款负债、金融债券负债、大额可转让定期存单负债、买卖有价证券、占用客户资金、境外负债等。

在商业银行的负债业务中,自有资金是基础,标志着商业银行的资金实力;存款负债是主要业务,标志着商业银行的经营实力;借款负债和其他负债是商业银行资金的重要调剂和补充,体现了商业银行的经营活力。

二、资产业务

资产业务,是指商业银行运用资金的业务,也就是商业银行将其吸收的资金贷放或投资出去赚取收益的活动。商业银行盈利状况如何,经营是否成功,很大程度上取决于资金运用的结果,商业银行的资产业务一般由储备资产、信贷资产和投资业务构成,其中以贷款和投资最为重要。

(一)储备资产

储备资产是银行为应付存款提取而保存的各种形式的支付准备金的总称。储备资产包括库存现金、交存中央银行的存款准备金、存放在同业的存款、托收中未达款项和托收中的现金以及坏账准备金等。

(二)信贷资产

为加强银行信贷管理,提高信贷资产质量,根据《贷款风险分类指导原则》,采用以风险为基础的分类方法(简称贷款风险分类法),即把贷款分为正常、关注、次级、可疑和损失五类,后三类合称为不良贷款。正常贷款是借款人能够履行合同,没有足够理由怀疑贷款本息不能按时足额偿还;关注贷款是尽管借款人目前有能力偿还贷款本息,但存在一些可能对偿还产生不利影响的因素;次级贷款是借款人的还款能力出现明显问题,完全依靠其正常营业收入无法足额偿还贷款本息,即使执行担保,也可能会造成一定的损失;可疑贷款是借款人无法足额偿还贷款本息,即使执行担保,也肯定要造成较大损失;损失贷款是在采取所有可能的措施或一切必要的法律程序之后,本息仍然无法收回,或只能收回极少部分。

(三)投资业务

投资业务是指银行参与有价证券买卖而持有证券形成的业务。银行投资购买有价证券主要包括:

(1)购买中央政府发行的国家债券,此业务约占证券业务的70%左右。

(2)购买地方政府发行的证券。

(3)购买公司(企业)发行的各种有价证券,如股票、债券等。这种业务风险大、占用资金时间长,因此,银行投资此业务的比重较小。

三、中间业务

中间业务,是指商业银行代理客户办理收款、付款和其他委托事项而收取手续费的业务。不需动用自己的资金,依托业务、技术、机构、信誉和人才等优势,以中间人的身份代理客户承办收付和其他委托事项,提供各种金融服务并据以收取手续费。银行经营中间业务无须占用自己的资金,是在银行的资产负债信用业务的基础上产生的,并可以促使银行信用业务的发展和扩大。

中间业务不构成商业银行表内资产、表内负债形成银行非利息收入,包括交易业务、清算业务、支付结算业务、银行卡业务、代理业务、托管业务、担保业务、承诺业务、理财业务、电子银行业务。

第二节 商业银行业务推演流程

一、商业银行初始情况

模拟商行是已有一定经营基础的商业银行,在初始状态下,各模拟商行现具有:1亿元现金、五年期国债2亿元、两年期央票2亿元、两年期消费者个人存款3亿元(利率为基准利率+1.5%)、存款准备金0.45亿元、股东资本2.5亿元(可由老师调整,只要保证资产负债表平衡)、两年期企业贷款0.7亿元(A银行该笔企业贷款的交易对象为A企业,其他银行依此类推);有2个网点、2个存款团队和2个贷款团队。商业银行初始盘面如图3-1所示。

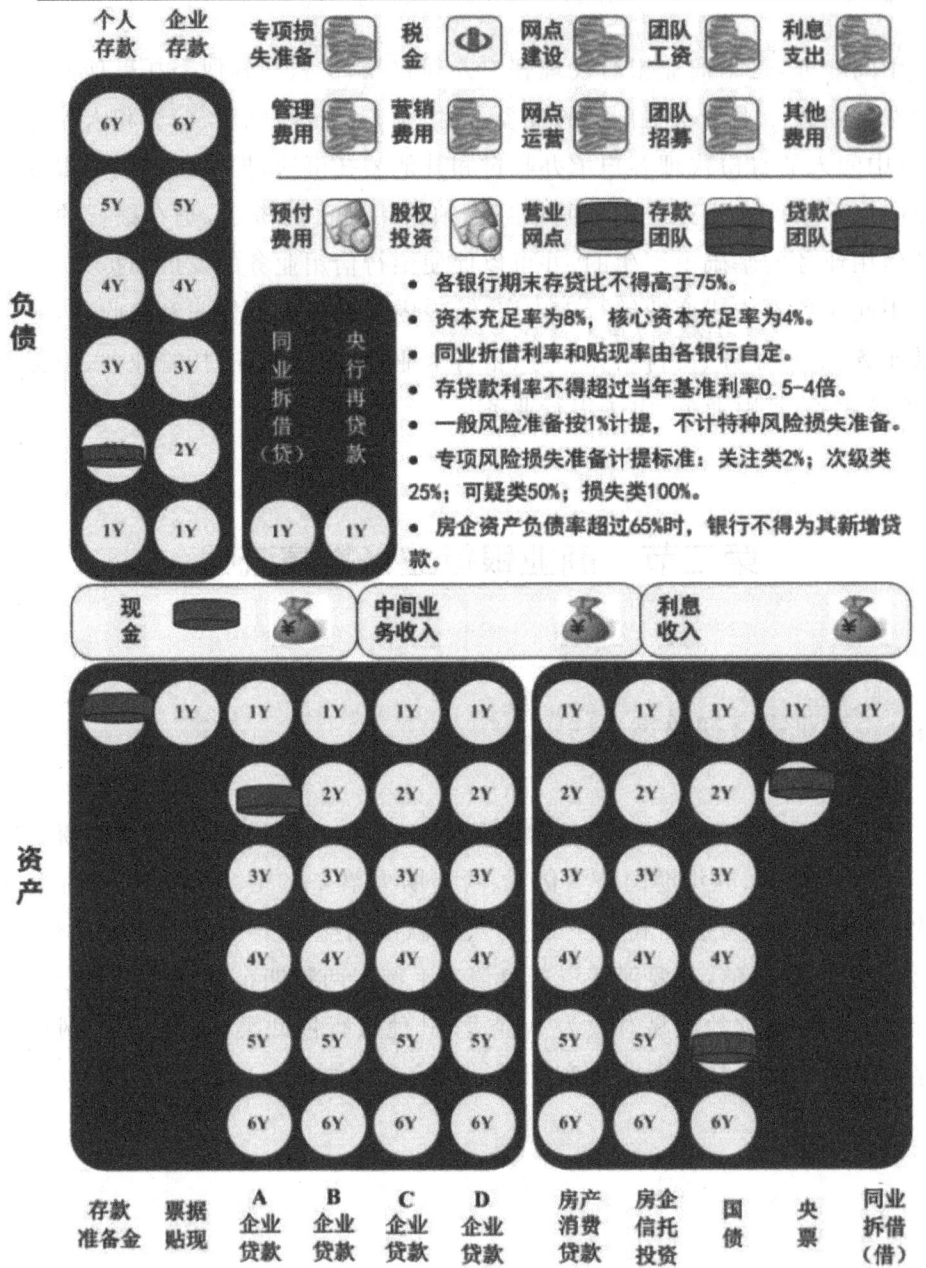

图 3-1　商业银行初始盘面

二、第一年业务推演流程

第一个经营年度为非自主经营,各模拟商行按第一年任务清单,在管理端的引导下统一操作,旨在熟悉业务流程。

(1)填写存款竞标表,支付营销费用 100 万元,获得个人存款 4 亿元(其中 5000 万元面值两年期共 2 亿元,5000 万元面值三年期共 2 亿元),并按照约定利率支付个人存款利息共计 2700 万元(含初始状态已有个人存款 3 亿元的利息);

(2)向对应公司发放贷款 1 亿元,连同原有 7000 万元贷款,共收到利息 1400 万元,同时收取 2%额度占用费 200 万元和财务评审费 200 万元;

(3)收到 2 亿元央票按 4%计算的利息 800 万元;

(4)办理新的消费贷款 28600 万元,并收到额度占用费 2%取整 600 万元;

(5)收到对应企业存款 3 亿元,期限为 1 年,支付利息 600 万元,约定提前支取违约金 0 万元;

(6)收到国债 2 亿元按 7%计算的利息 1400 万元;

(7)支付管理费和税费。

三、模拟商行自主经营环节

从第二个经营年度开始,模拟商行开始自主经营,即在管理引导的各个环节里,各模拟商行可根据自身情况和意愿选择合作对象,在实训推演规则下自主经营。银行运营主界面如图 3-2 所示。

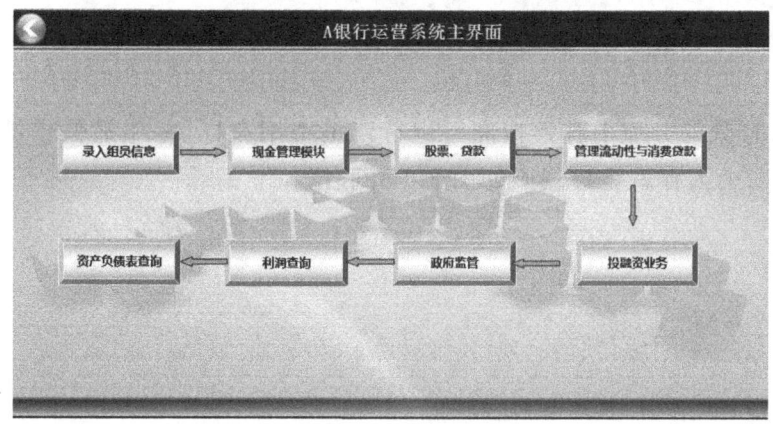

图 3-2　银行运营主界面

(一)第二年及以后经营年度均按表格中以下模块,逐步推进(具体参见本章第四节)

1.现金管理模块

2.股票、贷款模块

3.管理流动性与消费贷款模块

4.投融资业务模块

5.政府监管模块

(二)每年末根据经营情况,及时总结反思,并调整下一年经营策略

1.年末查看利润表和资产负债表

2.年末在管理端查看监管情况和绩效分析表

3.总结反思

第三节　模拟商行实训推演规则

本实训推演过程尽量涵盖了商业银行的主要业务,如吸收个人储蓄存款、企业单位的对公存款;发放给企业的对公贷款和发放给消费者的个人住房消费贷款;对外部票据进行贴现和进行央票购买、国债购买等投资业务等。但因仿真实训的局限,对商业银行相应业务在办理时间、期限规定、具体品种上都做了一些简化处理。

一、商业银行个人存款竞标规则

个人存款的分配由各模拟商行进行营销费用竞标,每年最低营销费用为100万元。个人存款竞标规则如图3-3所示。

商业银行	A	B	C	D	E	F
营销费(万)						
营销费排名						
上年个人存款（万）						
个人存款排名						
上年企业贷款和消费贷款（万）						
贷款排名						
网点数量(个)						
网点数量排名						
总得分	0	0	0	0	0	0

图 3-3　个人存款竞标规则

央行组每年将各模拟商行组提交的营销费竞标数据填入教师端系统，按系统生成的个人存款总额随机抓取不同年限的个人存款筹码，得分高者优先选择存款（可选择期限筹码更多）。场外个人存款竞标结果与营销费（权重40%）、上年个人存款额（权重20%）、贷款规模（权重30%）以及网点数（权重10%）有关。营销费用越高，获得的个人存款越多，上年存款总额、网点和贷款总额越多，下一年的个人存款最大额度将越多。

模拟商行组之间不可以联合竞标个人存款，但可以以同业拆借形式进行资金往来。

模拟商行每年初需支付全部个人存款的利息（含本年新增个人存款）。

二、商业银行网点规则

模拟商行每年个人存款和企业存款每新增6亿元需要1个存款团队办理，每年企业贷款与消费贷款每新增4亿元需要1个贷款团队办理。每个存款或贷款团队招募费用为100万元，年工资奖金为300万元（从招聘当年开始发工资奖金），所有业务需提前一年配备好存款和贷款团队，否则只能按现有团队的最大业务量办理业务。团队辞退当年仍需支付工资奖金。

每个网点能够容纳1个存款团队和1个贷款团队。每个网点新建费用为100万元，每年运营费为200万元（从建设当年支付运营费）。网点撤销当年仍需支付运营费。招募团队前必须先建网点，但建好网点后可以不招募团队。

三、中间业务收费规则

本实训中模拟到的商业银行中间业务比较少,故商业银行的中间业务收入也比较少,只有委托贷款和对公贷款的额度使用和财务评审费用。中间业务的内容与收费如表 3-1 所示。

表 3-1 中间业务的内容与收费

类别	收费内容与标准
结算及代理费	企业之间的委托贷款必须通过银行进行,银行可收取代理费,金额自定
额度占用费	由于商业银行额度有限,房地产企业为了及时拿到贷款,银行可以要求其支付一定额度的占用费(承诺费),金额自定
财务评审费	每笔对公贷款每年按一定金额的比例收取财务评审费,比例自定;财务评审费用于商业银行每年要做的贷款评审,消费贷款没有财务评审费

四、沙盘盘面布置规则

(一)现金管理模块

(1)准备金计提:拿该笔贷款记账筹码相应的准备金计提金额放在盘面上专项损失准备计提处;如果成功收回该笔贷款,取出专项损失准备记账筹码。

(2)再贷款业务:收到再贷款,应放上相应年份的记账筹码;到期偿还时,取出。

(3)个人存款业务:收到个人存款,应放上相应年份的特定个人存款筹码;到期偿还时,取出。

(4)上年未受理的消费贷款重新办理:发放消费贷款时,应放上相应年份的记账筹码;每年收到消费者偿还本金时,取出相应的金额记账筹码。

(5)支付贴现本金时,应放上特定的票据筹码;转贴现或票据到期时,取出。

(6)企业存款提前支取时,应取出相应的记账筹码。

(二)股票、贷款、信托模块

(1)贷出款项时,应放上相应年份的记账筹码;收到企业偿还本金时,取出。

(2)购买信托时,应在盘面摆放记账筹码;到期时,取出。

(三)管理流动性与消费贷款模块

(1)购买央票时,应在盘面摆放记账筹码;到期时,取出。

(2)发行股票时,不摆放记账筹码;购买股票时,应在盘面摆放记账筹码;撤回股权投资或转让股票时,取出此记账筹码。

(3)同业借入或借出时,均应在盘面摆放记账筹码;到期时,取出。

(4)发放消费贷款时,应放上相应年份的记账筹码;每年收到消费者偿还本金时,取出相应金额的记账筹码。

(四)投融资模块

(1)对公存款业务:收到企业存款,应放上相应年份的记账筹码;到期偿还时,取出。

(2)上缴存款准备金时,应放上记账筹码;到期偿还时,取出。

(3)购买国债时,应放上相应年份的特定国债记账筹码;国债到期或提前支取时,取出。

第四节 商业银行业务模拟实训

一、录入组员信息

此步骤仅第一年需要。组员信息界面如图3-4所示。

成员信息			小组信息	
成员学号	成员姓名	岗位分工	组长姓名	
			组长学号	
			组长电话	
			所在组名称	
			所在班级	
			小组人数	

图 3-4 组员信息界面

二、现金管理业务模块

(一)准备金计提

各模拟商行清空上年所有费用栏,区分放贷对象,填报年末贷款余额表(见表 3-2),并报送教师端登记,系统自动计提出专项贷款损失准备,登记如图 3-5 所示;同时将盘面相应的企业贷款移出同等金额至专项损失准备栏。

表 3-2 商业银行年末贷款余额　　　　　　　　　　　单位:万元

	企业 A	企业 B	企业 C	企业 D	企业 E	企业 F
第一年						
第二年						
第三年						
第四年						
第五年						
第六年						

1				现金管理模块		
2	填写说明:请在每一年的发生金额一栏中填写数字后自动生成报表,未发生就填0。数字前面不能用"+"或"发生金额为1000万,只需填写1000。请勿更改此表名称结构和任何步骤。现金余额一栏将自动计算。					
3	序号	业务	经营步骤	责任人	填写单据	第一年
5			期初现金余额			10000
6		1、准备金计提	清空上年所有费用栏,填写年末贷款余额表,计提专项贷款损失准备	全体成员	年末贷款余额表	0

图 3-5 准备金计提

上年末贷款余额的两种核查方法:信贷经理查核原始单据(贷款协议书),明确是否有企业提前偿还,按企业统计对公贷款余额。会计查验股票、贷款业务模块的企业对公贷款记录表,并对投融资模块的第四项业务收到提前还贷进行查验。确认无误后,由信贷经理将企业名称及贷款金额报送至管理端。

(二)资金规划

各模拟商行在全面掌握本行资产负债的情况下,结合本行本年度经营计划,做好资金规划(规划表如表 3-3 所示。可以借助辅助决策工具进行数据建模分析,参见附件一)。填写学员手册中的相应表格,提交股票发行计划。

表 3-3　商业银行资金规划表

项目	第一年	第二年	第三年	第四年	第五年	第六年
上年现金余额						
归还各项到期负债						
支付利息及中间费用						
各项贷款发放总额						
发放票据贴现与同业拆借款						
购买央票/国债						
竞标个人存款支出						
存款准备金支出						
支付管理费 1000 万元						
交纳所得税						
网点与存贷款团队支出						
其他支出						
支出合计						
各项资产到期收回本金及利息						
各项中间业务收入						
个人存款及企业存款预计新增						
存款准备金冲回						
其他收入						
收入合计						
剩余现金预计						
预计发行股票金额						
预计需借入同业拆借款						
预计需向央行再贷款						

（三）理财结算

公示上年利润，按股份占比支付分红。理财结算表如图 3-6 所示。

1				现金管理模块		
2	填写说明：请在每一年的发生金额一栏中填写数字后将自动生成报表，未发生就填0。数字前面不能用"+"或"-"，发生金额为1000万，只需填写1000。请勿更改此表名称结构和任何步骤，现金余额一栏将自动计算。					
3	序号	业务	经营步骤	责任人	填写单据	第一年
4						
5			期初现金余额			10000
8		3、理财结算	公示上年利润，按股份占比支付分红款	理财经理	无	0
9			股票投资盈利，收到现金分红金额			0

图 3-6　理财结算

(四)再贷款业务

模拟商行在个人存款业务环节前,要准备好充足的现金归还到期个人存款。如果缺少现金,则需要通过再贷款补充。如图 3-7 所示,再贷款业务中,央行再贷款往前移一格,到期偿还/提前偿还本金;流动性不足,向央行再贷款,填入贷款借入金额和支付央行再贷款利息。

序号	业务	经营步骤	责任人	填写单据	第一年
		期初现金余额			10000
11	4、再贷款业务	央行再贷款往前移一格,到期偿还/提前偿还本金	行长	无	0
12		流动性不足,向央行再贷款,贷款借入金额			0
13		支付央行再贷款利息			0

图 3-7 再贷款业务

(五)个人存款业务

盘面所有个人存款往前移一格,偿还到期个人存款;填写本章附录中的个人存款竞标单(见表 3-4),支付营销费用;获得个人存款;按个人存款余额支付个人存款利息。个人存款业务填写表如图 3-8 所示。

表 3-4 商业银行个人存款竞标单　　　　　　　　　　　单位:万元

	第一年	第二年	第三年	第四年	第五年	第六年
营销费用(最低为 100 元)						

序号	业务	经营步骤	责任人	填写单据	第一年
		期初现金余额			10000
14	5、个人存款业务	盘面所有个人存款往前移一格,偿还到期个人存款	客户经理	个人存款竞标表	0
15		填写个人存款竞标表,支付营销费用			100
17		获得个人存款			40000
18		盘点个人存款余额为			70000
19		按个人存款余额支付个人存款利息			2700

图 3-8 个人存款业务

Tip 15：场外个人存款筹码选择

实训系统提供四种期限的筹码，期限长则利率高，对模拟商行而言利息负担更重，资金成本更高，但资金可做更长远的打算；期限短则利率低，资金成本更低，但需要更加关注流动性风险。本实训系统中所有利息都是前段支付，到期仅还本金。模拟商行可根据自身经营偏好，如有长期合作的模拟房企需要长期资金支持的银行适合吸收长期存款；对流动性风险非常关注、偏好短期放贷、方便及时选择优秀模拟房企开展业务往来的银行适合短期存款。但无论选择何种期限的存款，都应对本模拟商行的流动性问题有足够的认识，应在对本模拟商行的整体流动性有所把握的基础上进行选择。

Tip 16：商业银行个人存款竞标决策示例

- 模拟商行应先判断流动性：当流动性紧张时，应多争取存款。当流动性宽松时，同时投资渠道较少时，应少争取存款，以减少经营压力。
- 如何判断流动性：从资金供给和资金需求两方面考虑。模拟商行资金需求主要从每家银行平均面临的贷款需求来考虑，别外还要考虑本年央票、外部票据的资金需求等。
- 资金总需求：土地开发款项；国债发行量；央票发行量；外部票据贴现；到期个人存款；新增存款准备金；个人存款利息；景观费；团队工资；管理费；税金和罚款。
- 资金总供给：各银行现有资金；各企业现有资金；新增个人存款；房产首付款；到期央票及利息；到期国债及利息；到期票据及利息；到期房产消费贷款及利息。
- 实际运营中影响流动性的因素：土地竞标影响土地开发需求款；订单竞标影响首付款收入。

Tip 17：商业银行个人存款登记示例

商业银行个人存款及下年度需偿还总额登记表（表 3-5）可用于直观反映商业银行场外个人存款负债的流动性情况，帮助模拟商行更好地掌握本行的流动性需求，进行资金规划。

表 3-5　商业银行个人存款及下年度需偿还总额登记表　　　　单位：万元

年度	需偿还金额（斜线总计）	场外个人存款			
		基准+0.5%（一年期）	基准+1.5%（两年期）	基准+2.5%（三年期）	基准+3%（四年期）
初始年	—		30000		
第一年	—		20000	20000	
第二年	30000	A	B	C	30000（例）
第三年	20000+A	D	E	F	G
第四年	20000+B+D	H	I	J	K
第五年	C+E+H	L	M	N	O
第六年	30000+F+I+L	P			
第七年	G+J+M+P				

盘点个人存款余额（斜线部分即为到期归还存款）

年度	基准+0.5%（一年期）	基准+1.5%（两年期）	基准+2.5%（三年期）	基准+3%（四年期）	个人存款余额（原有+新增）
第一年		20000	20000		40000
第二年			20000		
第三年					
第四年					
第五年					
第六年					

模拟商行每年度领回竞标得到的场外个人存款，按期限分别填入商业银行个人存款及下年度需偿还总额登记表。统计各年度即将到期的个人场外存款（后四列）并填入下一年度需偿还金额（第二列），即将同一笔存款在各经营年度中的到期年份连成对角线。以第二年的四年期存款 3 亿元为例，其将在四年后偿还即第六年年初进入个人存款的还款程序。因此，在第六年年初该模拟商行到期需偿还的个人存款金额为（30000+F+I+L）万元。

（六）上年未受理的消费贷款继续完成

继续完成上年未受理的消费贷款业务；收到模拟房企办理消费贷款支付的额度占用费。凭贷款合同领取筹码并摆盘登账。上一年度未完成的消费贷款填写表如图 3-9 所示。

	A	B	C	D	E	F
1				现金管理模块		
2	填写说明：请在每一年的发生金额一栏中填写数字后将自动生成报表，未发生就填0。数字前面不能用"+"或"-"。发生金额为1000万，只需填写1000。请勿更改此表名称结构和任何步骤，现金余额一栏将自动计算。					
3	序号	业务	经营步骤	责任人	填写单据	第一年
4						
5			期初现金余额			10000
20	年初	6、上年未受理的消费贷款继续完成	继续完成上年未受理的消费贷款业务，金额为	信贷经理	消费信贷协议	0
21			收到企业办理消费贷款支付的额度占用费			0

图 3-9 办理上一年度未完成的消费贷款

（七）贴现业务

央行组查看教师端上年房地产销量变化，判断到期票据是否延期。如未延期，各模拟商行将票据往前移一格，到期收回。另竞标办理该年的外部票据贴现业务，填写本章附录中的业务竞标单，填报每 5000 万元票据的年贴现费和贴现金额，参与竞标。中标胜出者，支付贴现全款，模拟商行收取贴现费。如有未到期票据，也可到其他银行转贴现，收到贴现全款。如有模拟房企贴现未到期的政府限价房应收款，也可以在这一环节办理。根据实际发生情况领取筹码摆盘。贴现/转贴现填写表如图 3-10 所示。

	A	B	C	D	E	F
1				现金管理模块		
2	填写说明：请在每一年的发生金额一栏中填写数字后将自动生成报表，未发生就填0。数字前面不能用"+"或"-"。发生金额为1000万，只需填写1000。请勿更改此表名称结构和任何步骤，现金余额一栏将自动计算。					
3	序号	业务	经营步骤	责任人	填写单据	第一年
4						
5			期初现金余额			10000
23		7、贴现/转贴现	填写票据贴现表，选择贴现票据或银行转贴现，支付贴现全款	信贷经理	票据贴现表	0
24			收取贴现费			0
27			到其他银行转贴现，收到贴现全款			0
28			到其他银行转贴现，支付贴现费			0

图 3-10 贴现/转贴现

Tip 18：关于票据贴现的补充说明

一般而言，票据贴现可以分为三种，分别是贴现、转贴现和再贴现。

贴现是收款人将未到期的商业承兑汇票或银行承兑汇票背书后转让给受让人，受让人按票面金额扣去自贴现日至汇票到期日的利息以将剩余金额支付给持票人。商业汇票到期，受让人凭票向该汇票的承兑人收取款项。

转贴现指商业银行在资金临时不足时，将已经贴现但仍未到期的票据，交给其他商业银行或贴现机构给予贴现，以取得资金融通的行为。

再贴现指中央银行通过买进商业银行持有的已贴现但尚未到期的商业汇票,向商业银行提供融资支持的行为。

贴现的性质:贴现是银行的一项资产业务,汇票的支付人对银行负债,银行实际上是与付款人有一种间接贷款关系。

贴现的利率:在中央银行现行的再贴现利率的基础上进行上浮,贴现的利率是市场价格,由双方协商确定,但最高不能超过现行的贷款利率。

贴现利息的计算:贴现利息是汇票的收款人在票据到期前为获取票款向贴现银行支付的利息,计算方式是:贴现利息=贴现金额×贴现率×贴现期限。

我国的票据市场通过票据的签发承兑、贴现、转贴现和再贴现等业务把企业、商业银行、中央银行有机地联系在一起,从而有效地传导货币政策。

(八)企业存款提前支取

如有模拟房企提前支取企业存款,各自登记企业存款提前支取数量(见图3-11),模拟商行收到违约金。模拟房企各自归还存款筹码,模拟房企支付违约金,模拟商行收取违约金。

序号	业务	经营步骤	责任人	填写单据	第一年
		期初现金余额			10000
29	8、企业存款提前支取	企业存款提前取出,本金为	综合柜员	无	0
30		企业存款提前支取,收到违约金			0

图3-11 企业存款提前支取

(九)现金盘点

现金管理业务模块业务终了,盘点现金(见图3-12),核对盘面和账面金额是否一致,无误则进入下一环节。

序号	业务	经营步骤	责任人	填写单据	第一年
		期初现金余额			10000
31	9、现金盘点	现金盘点	全体成员	无	47200

图3-12 盘点现金

三、股票、贷款业务模块

(一) 对公贷款业务

如图 3-13 所示,将各模拟房企已发放贷款往前移一格,登记到期贷款和提前收回本金(按盘面记账筹码金额,不包括已计提损失的贷款本金),向对应企业收取到期或提前收回的贷款本金(区分登记本年及以前已计提损失准备的贷款的收回),对未到期的贷款收取利息和财务评审费;接收本年度模拟商行贷款申请,填写本章附录中的对公贷款竞标单,发放企业贷款,填写贷款协议书,登记入账;按企业贷款余额收到利息;登记企业提前还贷或延后还贷加收违约金;收到企业的额度占用费和财务评审费,登记入账,凭贷款合同到央行处领取筹码进行摆盘。

序号	业务	经营步骤	责任人	填写单据	第一年
5	1 对公贷款业务	企业贷款往前移一格,贷款到期/提前收回本金(按盘面记帐筹码金额,不包括已计提损失的贷款本金)	信贷经理	填写对公贷款表,签订贷款协议	0
6		本年及以前已计提损失准备的贷款又收回来了			0
7		填写对公贷款表,发放企业贷款,填写贷款协议书			10000
8		按企业贷款余额收到利息;企业提前还贷或延后还贷加收违约金			1400
9		收到企业的额度占用费和财务评审费等			400

图 3-13 对公贷款业务

Tip 19:关于贷款量决策示例

利用利差计算:

$$贷款任务 = \frac{固定经营成本}{利差}$$

$$= \frac{4个团队工资+2个网点运营费+管理费用+营销费用}{利差}$$

$$= \frac{1200+400+1000+100}{8\%-2\%}$$

$$= 4.5(亿元)$$

计算吸纳存款量：

$$吸纳存款 = \frac{贷款任务}{存贷比} = \frac{4.5}{75\%} = 6(亿)$$

如需精确计算，应以法定存款准备金率和超额存款准备金率替代存贷比。

Tip 20：关于贷款利率决策示例

简单的定价法则：

1. 贷款定价上限：房企利润率

与企业共赢：贷款定价上限。

- 商品房的息税前利润率；
- 别墅的息税前利润率；
- 限价房的息税前利润率；
- 具体计算请见第 143 页。（《商业银行沙盘数据建模》说明二（三）企业能承受的贷款最高利率测算。）

2. 贷款定价下限：关注您的资金成本

成本导向：贷款定价下限。

- 利息成本：由国家规定的利率决定。
- 经营成本：包括揽储的营销费用，柜台和外勤人员的工资、广告宣传费、折旧摊销费用、办公室以及为存户提供其他服务的费用等。

$$可用资金成本率 = \frac{经营成本 + \sum 每种资金来源量 \times 利率}{吸收的存款额 - 法定存款准备金 - 超额准备金} \times 100\%$$

还没有考虑风险成本：也就是不良贷款。

法定存款准备金 = 法定存款准备金率 × 存款总额

超额存款准备金 = 库存现金 + 在央行的存款 − 法定存款准备金

超额准备金可以是库存现金，也可以是存放在央行的超过法定准备金的存款。

- 当贷款发生时（不考虑年底企业存款）
- 例如：某年存款余额如图 3-14 所示，有 2 个存款团队、2 个贷款团队、2 个网点，当年营销费为 100 万元。

存款利息速算表

	基准利率	基准+0.5% (1年期)	基准+1.5% (2年期)	基准+2.5% (3年期)	基准+3% (4年期)
存款利率	2.0%	2.5%	3.5%	4.5%	5.0%
存款余额(万)			50000	20000	
利息(万)	0	0	1800	900	0
利息合计(万)	2700				

图 3-14 存款余额利息速算表

- 经营成本＝4 个团队工资＋2 个网点运营费＋管理费用＋营销费用＝1200＋400＋1000＋100＝2700(万元)
- 各种资金来源的利息成本＝2700 万元
- 吸收存款总额－按存款总额 25％计法定与超额准备＝7－1.75＝5.25(亿)
- 可用资金成本＝$\dfrac{0.27+0.27}{5.25}$＝10.29％

3.贷款定价还应考虑的因素

- 贷款的风险程度；
- 借款人的资信状况及与银行的关系；
- 市场上信贷资金的供求状况：流动性；
- 预期的通货膨胀率。

Tip 21：银行审批贷款决策因素示例

- 管理层素质、经营理念与发展规划：尤其是对民营企业。
- 行业发展前景(未来的政策情况、替代技术是否到来)。
- 分析公司的行业地位。
- 分析企业经营状况(财务指标)及未来指标观测。
- 公司概况：股东背景。(是国有还是民营？是个人股东还是法人股东？股东从业经验)、发展历史(公司第一桶金是怎么来的？)
- 担保人情况。
- 主要风险点识别与化解措施。
- 确定贷款方案(如金额、品种、利率、贷款方式)。
- 股东从业经验主要考虑对公司未来发展的影响，如果是做煤的老板来做房地产,典型是一种暴发户心态。

- 公司第一桶金如果是国有企业改制来的,则应考虑改制违规风险。
- 请思考贷款方式是融资租赁还是其他?

请思考企业自身原因:市场判断不明,虚荣心,经营能力等。

请思考银行原因:企业经营情况了解充分与否;分析准确与否;贷款方案与风险是否匹配?

政策原因:波动太大。

Tip 22:如何帮助客户提前预见风险

1.贷款分级

- 一般准备:不得低于年末贷款余额的1%;
- 关注类贷款:计提比例为2%;
- 次级类贷款:计提比例为25%;
- 可疑类贷款:计提比例为50%;
- 损失类贷款:计提比例为100%。
- 特种准备由银行根据不同类别(如国别、行业)贷款的特种风险情况、风险损失概率及历史经验,自行确定按季计提比例。

2.模拟实训中的五级贷款分类标准(表3-6)

表3-6 模拟实训中的五级贷款分类标准

	资产负债率	销售利润率
正常类贷款	<80%	>0
关注类贷款	<80%	<=0
次级类贷款	80%~100%	>0
可疑类贷款	80%~100%	<=0
损失类贷款	>100%	

- 资产负债率=负债合计/资产总计×100%(数据来源于资产负债表)
- 销售利润率=利润总额/主营业务收入×100%(数据来源于损益表)

3.不良贷款指标

- 请思考是否有不良贷款:正常贷款、关注贷款、次级贷款、可疑贷款和损失贷款,计算比例。

- 信用风险：贷款净损失/贷款余额；不良贷款/贷款总额；历年净利润总和/未来可能出现的贷款损失。

正常贷款是指借款人能够履行借款合同，有充分把握能够按时足额偿还本息的贷款。

关注贷款是指贷款本息的偿还仍然正常，但是发生了一些可能会影响贷款偿还的不利因素。如果这些因素继续下去，就有可能会影响到贷款的偿还。需要予以关注。

次级贷款是指借款人依靠其正常的经营收入已经无法偿还贷款的本息，而不得不通过重新融资的办法来归还贷款，表明借款人的还款能力出现了明显问题。

可疑贷款是指借款人无法足额偿还贷款本息，即使执行抵押或担保，也肯定要造成一部分损失，它具有次级贷款的所有特征，但程度更加严重。

损失贷款是指在采取了所有可能的措施和一切必要的法律程序之后，本息仍然无法收回，或只能收回极少部分。这类贷款银行已经没有意义将其继续保留在资产账面上，应当在履行必要的内部程序后立即冲销。

4.不良贷款预警信号

是事后观察现金流还是事前发现征兆？

- 从企业与商业银行的关系发现某些信号：透支、展期、还款来源模糊、短债增减过快、贷款需求增加但目的不明确、抵押品价值不充分、借短债还长债、借新债还旧债、从其他机构获得大量抵押贷款等。
- 从企业的财务报表中发现预警信号：应收账款激增、拖欠货款、销售增加但收益减少、各项计提异常、投机数额增大等。

不良贷款预警信号：

- 从企业经营状况发现某些信号：企业财务记录混乱、某一大客户订货异常、投机与存货行为、违约纠纷、转换银行或隐瞒债务关系、安全事故等。
- 从企业的人事变动中发现某些信号：关键人物变动、独裁专制、员工纠纷、关键人物的行为举止发生异常等。

5.房地产公司的早期预警信号

- 土地获取行为：联合投标、选对时机、竞争风格；
- 对行业风险的预判；
- 政府关系；

- 合同纠纷；
- 项目经营水平与现金流的管理能力。

6.问题贷款如何产生
- 程序：信用调查、现场参观、报表分析、抵押品估价、客户谈判、销售银行其他产品、汇报及审批。
- 商业信贷的关键点：贷款数额、偿还期限、抵押要求。

7.企业资金链断裂的解决办法
- 找银行贷款；
- 委托贷款；
- 发行企业债；
- 国债转让与提前兑付；
- 借高利贷；
- 贴现；
- 转让企业债或金融债；
- 转卖土地；
- 将完工房屋卖给政府。

8.现实中的资金腾挪术

(1)如果金额小、企业资质好、只是暂时遇到周转困难……
- 小额贷款担保公司、资产管理公司、P2P……
- 三赢：银行可避免不良贷款和拨备覆盖率等多个指标爆仓、企业可以继续经营而不被逼债、小额贷款担保公司获得可观收入。
- 现实中，信贷员往往喜欢将长期项目做成短期贷款，批准及业绩见效快。

(2)如果金额大、企业资质好、只是暂时遇到周转困难……
- 发行信托……
- 四赢：银行可避免不良贷款和拨备覆盖率等多个指标爆仓(转移给影子银行)、企业可以继续经营而不被逼债、信托公司获得可观收入、银行还赚得承销费、资质好且收益率高的信托还可定向VIP客户销售。

Tip 23：沙盘中怎样促进银企双赢

1.对公存款的吸收
- 银行有利于降低存贷比，提高年末评分；

- 企业增加一笔投资收益,提高利润水平。

2.对公存款提前支取

- 企业获得资金流,减少贷款金额,降低融资成本;
- 扩大经营规模。

3.提前还贷款的优点

(1)商业银行

- 降低存贷比;
- 避免因放贷给资产负债率超过65%的企业而被罚款;
- 降低不良贷款率和拨备覆盖率;
- 提高本年评级得分。

(2)房地产企业

- 降低资产负债率;
- 房企避免被评为不良贷款影响评分和后期的运营;
- 提高本年评级得分。

4.消费贷款的办理

(1)商业银行

- 获得一笔抵押贷款;
- 获得贷款利息及中间业务收益。

(2)房地产企业

- 获得可流动资金;
- 可以进行短期投资。

5.股票的发行与购买

(1)发行方

- 市场资金紧缺时银行可以通过发行股票吸收资金;
- 资产负债率超标时企业可以通过发行股票进行融资。

(2)购买方

- 银行可以通过购买股票避免放贷形成罚款;
- 企业市场规模达到最大时可通过购买股票获得投资收益。

模拟房企甚至可以通过发行股票深度绑定银行,模拟商行在土地竞标、消费贷款时连续多年支持模拟房地产企业,可以形成土地垄断或快速扩大规模。

(二)代理委托贷款

各模拟商行接受办理委托贷款,收取代理费。可以由办理委托贷款的模拟房企自己联洽模拟商行,必要时也可以通过竞标(如果竞标,参与竞标的模拟商行填写附录中的委托贷款中间业务费竞标单)的方式决定出代办模拟商行。获标模拟商行只收取现金手续费和 Excel 表格入帐处理;模拟房企各自登记 Excel 表格及领取筹码摆盘登账。委托贷款业务填写表如图 3-15 所示。

序号	业务	经营步骤	责任人	填写单据	第一年
2	代理委托贷款	代理委托贷款的银行,收取代理费	综合柜员	委托贷款表	0

图 3-15 委托贷款业务

(三)现金盘点

本模块业务结束,进行现金盘点,核对盘面和账面现金数量是否一致,做到"账实相符",无误则进入下一环节。现金盘点填写表如图 3-16 所示。

序号	业务	经营步骤	责任人	填写单据	第一年
3	现金盘点	现金盘点	全体成员	无	39000

图 3-16 现金盘点

四、管理流动性与消费贷款模块

(一)央票业务

本实训推演中的央票业务,由宏观政策制定时的央票发行数量,按每个模拟商行前一年的贷款规模大小强制分摊。实训过程中,各模拟商行将央票往前移一格,未到期的央票收取利息,到期则收回本金。本年度如有央票发行,各模拟商行按购买央票,支付投资款。按盘面资产栏的央票余额收到利息。根据业务的具体情况领取筹码并登账摆盘。央票业务填写表如图 3-17 所示。

图 3-17 央票业务

(二)股票发行与购买

发行股票,填写股票发行与购买表,收到股票投资款,颁发股权证;购买股票,支付股票投资款;卖出股票,收到股票转让款;赎回股票,支付现金。

股权发行的溢价与折价只通过股份占比不同来反映。例如:当 A 银行股东权益为 3 亿元时,想通过股权筹资 1 亿元,如果新股东出资 1 亿元并占股 25%(总股本 4 亿元,其中新股东占 1 亿元),则表示按每股 1 元的平价发行;如果新股东出资 1 亿元只能占 1/7 股份(总股本 3.5 亿元,新股东占 0.5 亿元),表示按每股 2 元溢价发行;如果新股东出资 1 亿元并占股 40%(总股本 5 亿元,新股东占 2 亿元),表示按每股 0.5 元折价发行。

股权发行与购买填写表如图 3-18 所示。

图 3-18 股权发行与购买

(三)同业拆借

各模拟商行应有流动性风险意识,应在本经营年度结束前准备好来年到期要归还的场外个人存款。如果有缺口,或者考虑存贷比计分,可在此环节拆入资金;如果有额度无现金办理后续消费贷业务,也可以在此环节拆入资金。

资金富余的模拟商行(额度用尽,有资金富余,又无来年归还到期个人存款需要)可拆出。将盘面资产栏的同业拆借往前移一格,登记收回或偿还本金(同业拆借填写表如图3-19所示);填写本章附录中商业银行同业拆借竞标单,办理新的同业拆借;领取筹码并摆盘登账。

序号	业务	经营步骤	责任人	填写单据	第一年
		管理流动性与消费贷款			
		填写说明:请在每一年的发生金额一栏中填写数字后将自动生成报表,未发生就填0。数字前面不能⋯字单位是万,如发生金额为1000万,只需填写1000。请勿更改此表名称结构和任何步骤,现金余额一⋯			
15	3 同业拆借	盘面资产栏的同业拆借(借)往前移一格,到期收回/提前收回本金	行长	填写同业拆借表	0
16		盘面负债栏的同业拆借(贷)往前移一格,到期偿还/提前偿还本金			0
17		存贷比超标的银行同业拆借,填写同业拆借表,借入资金			0
18		同业借出资金			0
19		按盘面资产栏的同业拆借(借)余额收到利息;对方无法偿还时收到违约金			0
20		按盘面负债栏的同业拆借(贷)余额支付利息;无法偿还时支付违约金			0

图 3-19 同业拆借

(四)个人消费贷款

各模拟商行根据自身现金情况和额度情况(1个贷款团队支持4亿元贷款,扣去已发放的对公贷款)以及市场的消费信贷需求,模拟商行填写本章附录中个人消费贷款的竞标单(明确额度和最高额度占用费率),提交教师端录入。如图3-20所示。

序号	业务	经营步骤	责任人	填写单据	第一年
		管理流动性与消费贷款			
		填写说明:请在每一年的发生金额一栏中填写数字后将自动生成报表,未发生就填0。数字前面不能⋯字单位是万,如发生金额为1000万,只需填写1000。请勿更改此表名称结构和任何步骤,现金余额一⋯			
21	4 个人消费贷款	原有消费贷款向前移一格,填写消费贷款表,办理新消费贷款业务,金额为(5年期)	信贷经理	填写消费贷款表	28600
22		收到企业办理消费贷款支付的额度占用费			600
23		本年度央行宣布的贷款基准利率为			8.00%
24		收到消费者支付的消费贷款余额利息,金额为			2300
25		消费贷款由消费者每年等额偿还本金			
26		盘点消费贷款余额为			28600

图 3-20 个人消费贷款

将原有消费贷款往前移一格,与模拟房企洽谈办理消费贷款业务(五年期);填写消费贷款协议,登记入账;收取模拟房企办理消费贷款支付的额度占用费;明确本年度央行宣布的贷款基准利率;收到消费者支付的消费贷款余额利息和由消费者每年等额偿还的本金。依据实际经营操作偿还,领取筹码并摆盘登账。

(五)网点经营业务

如欲扩大经营规模,需在此环节增设网点;反之,也在此环节撤销网点。下一年生效。模拟商行1个网点可容纳1个存款团队(可支持6亿元存款)、1个贷款团队(可支持4亿元贷款)或撤销营业网点(个)。网点数量也是影响场外个人存款竞标结果的因素之一。可以单纯只建网点而不增建团队(或只建1个存款团队,或只建1个贷款团队)。明确本期末营业网点数量个数,并支付网点建设费和网点运营费(含已撤网点)。领换筹码并摆盘记账。商业银行网点经营填写表如图3-21所示。

	A	B	C	D	E	F
1				管理流动性与消费贷款		
2	填写说明:请在每一年的发生金额一栏中填写数字后将自动生成报表,未发生就填0。数字前面不能⋯字单位是万,如发生金额为1000万,只需填写1000。请勿更改此表名称结构和任何步骤,现金余额一⋯					
3	序号	业务	经营步骤	责任人	填写单据	第一年
27	5	网点经营业务	增设营业网点(个)	行长	无	0
28			撤消营业网点(个)			0
29			本期末营业网点数量(个)			2
30			支付网点建设费			0
31			支付网点运营费(含已撤网点)			400

图 3-21 商业银行网点经营

(六)团队管理业务

明确本期招募的存款团队和贷款团队个数(参见网点经营说明);明确本期辞退的存款团队或贷款团队个数;明确本期末存贷款团队总数量;支付团队招募费和团队工资奖金(含已辞团队)。领换筹码并摆盘登账。团队管理业务填写表如图3-22所示。

序号	业务	经营步骤	责任人	填写单据	第一年
		管理流动性与消费贷款			
		填写说明：请在每一年的发生金额一栏中填写数字后将自动生成报表，未发生就填0。数字前面不能用字单位是万，如发生金额为1000万，只需填写1000。请勿更改此表名称结构和任何步骤，现金余额一栏			
33	6 团队管理业务	本期招募贷款团队（个）	综合柜员	无	0
34		本期辞退存款团队（个）			0
35		本期辞退贷款团队（个）			0
36		本期末存款团队总数量（个）			2
37		本期末贷款团队总数量（个）			2
39		支付团队招募费			0
40		支付团队工资奖金（含已辞团队）			1200

图 3-22　团队管理业务

（七）盘点现金

本模块业务结束，进行现金盘点，核对盘面和账面现金数量是否一致，做到"账实相符"，无误则进入下一环节。现金盘点填写表如图 3-23 所示。

序号	业务	经营步骤	责任人	填写单据	第一年
		管理流动性与消费贷款			
		填写说明：请在每一年的发生金额一栏中填写数字后将自动生成报表，未发生就填0。数字前面不能用字单位是万，如发生金额为1000万，只需填写1000。请勿更改此表名称结构和任何步骤，现金余额一栏			
41	7 盘点现金	现金盘点	全体成员	无	12500

图 3-23　现金盘点

五、投融资业务模块

（一）对公存款

提交对公存款竞标单，明确吸收贷款的最低利率，参与竞标企业存款；将盘面负债栏的企业存款往前移一格，到期偿还相应企业对公存款（实训推演中一般都已提前支出）；存款企业协商办理吸收存款，填写本章附录中的对公存款竞标单；盘点负债栏的企业存款余额，支付所有企业存款的利息；凭存款协议领取筹码并摆盘登账。对公存款填写表如图 3-24 所示。

	A	B	C	D	E	F
1				投融资业务		
2	填写说明：请在每一年的发生金额一栏中填写数字后将自动生成报表，未发生就填0。数字前面不能用"+"或是万，如发生金额为1000万，只需填写1000。请勿更改此表名称结构和任何步骤，现金余额一栏将自动计算					
3	序号	业务	经营步骤	责任人	填写单据	第一年
5	1	对公存款	盘面负债栏的企业存款往前移一格，到期偿还	客户经理	填写对公存款竞标表	0
6			填写对公存款竞标表，吸收企业存款			30000
7			盘点负债栏的企业存款余额			30000
8			支付所有企业存款的利息			600

图 3-24　对公存款

(二)存款准备金

明确央行宣布的本年度存款准备金率；以所有个人和企业存款余额为基数，上缴存款准备金；央行退回多缴的存款准备金；盘点存款准备金余额；领取筹码并摆盘登账。存款准备金填写表如图 3-25 所示。

	A	B	C	D	E	F
1				投融资业务		
2	填写说明：请在每一年的发生金额一栏中填写数字后将自动生成报表，未发生就填0。数字前面不能用"+"或是万，如发生金额为1000万，只需填写1000。请勿更改此表名称结构和任何步骤，现金余额一栏将自动计算					
3	序号	业务	经营步骤	责任人	填写单据	第一年
12	2	存款准备金	央行宣布的本年度存款准备金率	主办会计	无	15.00%
13			以所有个人和企业存款余额为基数，上缴存款准备金			10500
14			央行退回多缴的存款准备金			0
15			盘点存款准备金余额			15000

图 3-25　存款准备金

(三)国债业务

国债往前移一格，到期兑付/提前兑付本金；本年流动性富余的模拟商行可填写本章附录中国债竞标单竞标国债，明确购买规模和愿意支付的购买溢价，支付国债投资款；支付国债购买溢价；按照本年度国债余额收到国债净利息(扣减提前兑换的手续费)。国债业务填写表如图 3-26 所示。

	A	B	C	D	E	F
1				投融资业务		
2	填写说明：请在每一年的发生金额一栏中填写数字后将自动生成报表，未发生就填0。数字前面不能用"+"或是万，如发生金额为1000万，只需填写1000。请勿更改此表名称结构和任何步骤，现金余额一栏将自动计算					
3	序号	业务	经营步骤	责任人	填写单据	第一年
25	3	国债业务	国债往前移一格，到期兑付/提前兑付本金	客户经理	填写国债购买表	0
27			填写国债购买表，支付国债投资款			0
28			支付国债购买溢价			0
31			按照本年度国债余额收到国债净利息(扣减提前兑换的手续费)			1400

图 3-26　国债业务

(四) 提前还贷

提前还贷一方面使模拟商行可以收到现金,缓解下一年场外个人存款归还的流动性压力,降低模拟商行存贷比;另一方面,模拟房企也可以降低资产负债率。收到模拟房企提前还贷的本金和相应违约金的模拟商行进行登账,并将相应贷款筹码归还,领取违约金筹码并摆盘登账。房企提前还贷填写表如图 3-27 所示。

	A	B	C	D	E	F
1				投融资业务		
2	填写说明:请在每一年的发生金额一栏中填写数字后将自动生成报表,未发生就填0。数字前面不能用"+"或是万,如发生金额为1000万,只需填写1000。请勿更改此表名称结构和任何步骤,现金余额一栏将自动计算					
3	序号	业务	经营步骤	责任人	填写单据	第一年
4						
37	4	收到提前还贷	收到企业提前还贷本金	信贷经理	无	0
38			收到企业提前还贷的违约金			0

图 3-27 房企提前还贷

(五) 盘点现金

本模块业务结束,进行现金盘点,核对盘面和账面现金数量是否一致,做到"账实相符",无误则进入下一环节。现金盘点填写表如图 3-28 所示。

	A	B	C	D	E	F
1				投融资业务		
2	填写说明:请在每一年的发生金额一栏中填写数字后将自动生成报表,未发生就填0。数字前面不能用"+"或是万,如发生金额为1000万,只需填写1000。请勿更改此表名称结构和任何步骤,现金余额一栏将自动计算					
3	序号	业务	经营步骤	责任人	填写单据	第一年
4						
39	5	盘点现金	现金盘点	全体成员	无	32800

图 3-28 现金盘点

六、政府监管模块

(一) 交费或奖励

各模拟商行支付管理费(每年 1000 万元),登记支付罚款等其他费用和获得奖励情况,领取筹码并摆盘登账。交费或奖惩填写表如图 3-29 所示。

第三章　商业银行业务模拟实训——资金中介方操作

序号	业务	经营步骤	责任人	填写单据	第一年
5	交费或奖励	支付管理费（每年1000万）	综合柜员	无	1000
6		支付罚款等其他费用			0
7	年末	获得奖励等			0

图 3-29　交费或奖惩

（二）交税

各模拟商行交所得税和增值税（详查利润查询模块）；领取筹码并摆盘登账。交税填写表如图 3-30 所示。

序号	业务	经营步骤	责任人	填写单据	第一年
10	交税	交所得税和增值税（请见利润查询模块）	会计主管	无	400

图 3-30　交税

（三）盘点现金

本模块业务结束，进行现金盘点，核对盘面和账面现金数量是否一致，做到"账实相符"，无误则进入下一环节。年末现金盘点填写表如图 3-31 所示。

序号	业务	经营步骤	责任人	填写单据	第一年
12	盘点现金	期末盘面现金余额	全体成员	无	31400

图 3-31　年末现金盘点

七、年度经营反思

经营年度内所有业务结束，查看商业银行损益表和资产负债表，如图 3-32、图 3-33 所示。结合表格所反映的内容以及管理端公布的模拟商行的绩效分析表，各模拟商行小组间进行讨论，对本年度的经营情况进行反思。内容应包括：计算当年的资金总需求和总供给量，在此基础上，计算当年流动性；计算贷款利率下限、可用资金成本率，对比模拟商行的贷款定价的上下限，检验经营期内贷款决策的合理性；结合经营结果分析对比年初资金规划执行情况；说明政策变更对经营情况的影响；拟定下一阶段的优化措施。

	A	B	C	D	E	F	G
1		商业银行损益表		单位：万元			
2	项目	第一年	第二年	第三年	第四年	第五年	第六年
3	一、营业收入（不含税）	6500	0	0	0	0	0
4	利息收入（不含税）	4200	0	0	0	0	0
6	理财与投资收益（不含税）	1400	0	0	0	0	0
7	中间业务收入（不含税）	900	0	0	0	0	0
8	减：利息支出	3300	0	0	0	0	0
9	中间业务支出	0	0	0	0	0	0
10	二、毛利	3200	0	0	0	0	0
11	减：管理费用	2600	0	0	0	0	0
12	营业费用分摊	100	0	0	0	0	0
13	资产减值损失	0	0	0	0	0	0
14	三、营业利润	500	0	0	0	0	0
15	加：营业外收入	0	0	0	0	0	0
16	减：营业外支出	0	0	0	0	0	0
17	四、利润总额	500	0	0	0	0	0
18	减：所得税	0	0	0	0	0	0
19	五、净利润	500	0	0	0	0	0
26	利息收入销项税	300	0	0	0	0	0
27	理财与投资收益销项税	0	0	0	0	0	0
28	中间业务收入销项税	100	0	0	0	0	0

图 3-32 商业银行损益表

	A	B	C	D	E	F	G	H
1		商业银行资产负债表			单位：万元			
2	项目	年初数	第一年	第二年	第三年	第四年	第五年	第六年
3	资产							
4	现金	10000	31400	请填管理费	请填管理费	请填管理费	请填管理费	请填管理费
5	存放中央银行款项	4500	15000	0	0	0	0	0
6	拆出资金	0	0	0	0	0	0	0
7	企业贷款	7000	17000	0	0	0	0	0
8	房产消费贷款	0	28600	28600	28600	28600	28600	28600
9	票据	0	0	0	0	0	0	0
10	理财\信托\股权投资	0	0	0	0	0	0	0
11	国债投资	20000	20000	20000	20000	20000	20000	20000
12	央票	20000	20000	20000	20000	20000	20000	20000
14	其他应收款	0	0	0	0	0	0	0
16	资产合计	61500	132000	68600	68600	68600	68600	68600
18	负债和所有者权益							
19	吸收个人存款	30000	70000	40000	40000	40000	40000	40000
20	吸收企业存款	0	30000	0	0	0	0	0
21	向中央银行的借款	0	0	0	0	0	0	0
22	拆入资金	0	0	0	0	0	0	0
25	负债总计	30000	100000	40000	40000	40000	40000	40000
26	实收资本	25000	25000	25000	25000	25000	25000	25000
27	盈余公积	6400	6400	6500	6500	6500	6500	6500
28	一般风险准备余额	100	500	500	500	500	500	500
29	当年未分配利润	0	100	0	0	0	0	0
30	所有者权益合计	31500	32000	32000	32000	32000	32000	32000
31	负债和所有者权益总计	61500	132000	72000	72000	72000	72000	72000

图 3-33 商业银行资产负债表

附录：商业银行实训相关协议和竞标单
一、商业银行各类协议文本

银行贷款协议

贷款方：_____银行；借款方：_____公司；保证方：_____。

贷款种类：_____贷款。

借款金额：人民币_____（大写）元整。

借款期限与利率：自第_____年至_____年，年息_____％，每年支付利息，最后一年还本。

银行中间业务费：财务评审费每年_____万元。额度占用费一次性收取_____万元。

保证方的担保费：每年收取_____万元。

违约责任：

抵押物：

担保责任（如有担保方）：全额补偿。

银行是否可以提前收回贷款：

其他约定（如银行在什么情况下可提前收回贷款，企业主动提前还款的手续费，是否绑定消费贷款或存款等等）：

个人住房消费贷款协议

贷款方：_____银行；借款方：消费者；受托办理方：_____企业。

贷款种类：个人住房消费贷款。

借款金额：人民币_____（大写）元整。

借款期限与利率：五年期，自第_____年至_____年，按基准贷款利率，每年由消费者支付利息，次年开始由消费者等额还本，5年还清。

银行中间业务费：额度占用费由受托办理方一次性支付_____万元。

违约责任：

抵押物：住房。

银行是否可以提前收回贷款：不可以。

其他约定（如银行在什么情况下可提前收回贷款，个人主动提前还款的手续费等等）：在个人多次还款违约时银行可以提前收回贷款。

银行存款协议

甲方：_____银行；　　　乙方：_____；

存款金额：人民币_____（大写）元整。

期限：自第_____年至_____年。

利率：固定利率，年利率_____％，从存款当年开始，每年领取利息，最后一年还本。

其他约定：

如企业提前支取，违约金为_____万元。（如不约定，提前支取将无须支付违约金。）

委托贷款协议

贷出方：_____公司；借入方：_____公司；保证方：_____。

委托贷款资金金额：人民币_____（大写）元整。

借款期限与利率：自第_____年至_____年，年息_____％，从当年开始支付利息，到期还本。

中间业务费：本委托贷款双方商定由_____银行办理，代理费_____万元由_____企业支付。

违约责任：

抵押物：

担保责任（如有担保方）：全额补偿。

保证方的担保费：每年收取_____万元。

贷方是否可以提前收回贷款：

同业拆借协议

贷出方：_____银行；　　　借入方：_____银行；

同业拆借资金金额：人民币_____（大写）元整。

借款期限与利率：自第_____年至_____年，年息_____％，从当年开始支付利息，到期还本。

违约责任：

贷方是否可以提前收回贷款：

股权证

公司/银行

股权证存根（NO.　　　　）

股东姓名：_____

出资金额：_____元人民币

持有股份：　　　%

主办会计：

董事长：

签发日期：_____年___月___日

持证须知

一、此证为有价证券，可以按法定程序进行继承、转让；

二、此证为股东出资证明，不得作为货币流通；

三、此证经发行企业、主办会计、法定代表人签字/盖章生效；

四、此证应妥为保管，涂改无效。如有丢失，应及时向发行企业登记挂失。

股权转让记录

转让日期	出让人			受让人			过户承办人
	姓名	印鉴	身份证号码	姓名	印鉴	身份证号码	

二、各类竞标单

第_____年_____商业银行贷款余额统计

企业	金额
	万元
	万元
	万元
	万元
	万元

第_____年_____商业银行个人存款竞标

营销费	万元

- 营销费权重40%，贷款权重30%，存款权重20%，网点权重10%。

第_____年_____商业银行票据业务竞标

每5000万元票据贴现费	万元
贴现金额	万元

- 由贴现费低的银行先选，贴现费相同则按提交顺序优先选择。银行给出的贴现费率一般不高于该行当年发放给企业的实际贷款最高利率（不含中间业务费率，如当年没有发放贷款的，按基准利率）。当贴现率过高时，企业可以选择不贴现，当风险过高时，银行也可以选择不贴现。

第_____年_____商业银行对公贷款竞标

贷款最高年利率	%
对老客户/大客户最低年利率	%
额度	万元
最高额度占用费（一次性收取）	%
最高财务评审费（每年收取）	万元

- 存贷利率可在基准利率0.5～4.0倍范围内自行浮动。

第_____年_____商业银行委托贷款中间业务费竞标

中间业务费率	%

第_____年_____商业银行股票发行与购买

股票发行规模	万元
占股权比例	%
购买规模	万元
溢价	万元

第_____年_____商业银行同业拆借竞标

需要贷出款的规模	万元
愿意贷出金额	万元
贷出款项最高年利率	%

第_____年_____商业银行消费贷款竞标

额度	万元
最高额度占用费	%

第_____年_____商业银行对公存款竞标

存款最低年利率	%

- 存贷利率可在基准利率 0.5~4.0 倍范围内自行浮动。均为协议存款,至少一年期,金额至少 5000 万元。银行报出存款利率后(若银行未报存款利率,默认以基准利率存款),不得拒绝企业存款。

第_____年_____商业银行国债竞标

期望购买规模	万元
愿意支付溢价	万元

- 溢价率高者优先购买国债,国债按 5000 万元整数倍购买。企业和银行都可购买国债,转让国债利率由双方协商。国债每提前一年兑付,按 1‰ 支付手续费,单张凭证式国债不能拆分兑付。

第四章
房地产企业业务模拟实训——资金需求方操作

第一节 房地产融资概述

一、房地产金融概念

房地产金融是在房地产开发、流通和消费过程中,通过货币流通和信用渠道所进行的筹资、融资及相关金融服务的一系列金融活动的总称。其基本任务是运用多种金融方式和金融工具筹集和融通资金,支持房地产开发、流通和消费,促进房地产再生产过程中的资金良性循环,保障房地产再生产过程的顺利进行。

房地产金融有广义和狭义之分,广义的房地产金融,是与房地产活动有关的一切金融活动。狭义的房地产金融表现为一些具体的金融形式,如对房地产银行发行债券、成立住房储蓄机构、安排房地产企业和基金上市、成立按揭类的证券公司、抵押贷款证券化等等。一种看法认为,房地产金融最简单的含义就是房地产资金的融通,其实,房地产资金的融通不等于房地产金融,融资是房地产金融的一个主要方面,它包括房地产信贷融资、房地产股本融资、房地产债券融资和运用信托方式融资等。房地产金融除了融资功能外还有许多其他的金融功能,如房地产保险、房地产信托、房地产证券、房地产典当等。我国目前的房地产金融现状,还没有形成真正意义上的房地产金融。

二、房地产金融的分类

房地产金融包括政策性的房地产金融和商业性的房地产金融。政策性的房地产金融主要是房改金融,它是与住房制度改革有关的一系列金融活动。广义的房地产是土地与房屋的合称,因而房地产金融也可以进一步分为房产金融和地产金融。

(一)房产金融

房产金融指房屋或建筑物在生产、流通、消费过程中的各种资金融通活动。严格地说它不同于住房金融。住房金融是以住房作为房产金融信用的保证,获取资金的融通,如通过住房券、住房抵押贷款、按揭贷款、住房储蓄等来融通住房资金,主要是在住房消费过程中的融资活动。可见,住房金融只是房产金融的一部分,而不是全部。除住房金融的内容外,房产金融还应包括房地产开发与经营公司在房产商品的生产与流通中的资金融通。

(二)地产金融

地产金融又称土地金融,指围绕土地的有偿使用而产生的融资活动。具体来说,又可分为市地金融、农地金融。市地金融是指围绕城市土地的开发、建设、经营所展开的资金融通活动,包括市地获得金融、市地改良金融、市地转让与经营金融。农地金融是农村土地金融的简称,是指农业土地经营者们所承包农地的经营权作为抵押向金融机构融资的资金融通形式。

房地产金融在国民经济和人们日常生活中的地位与作用日益突出。房地产金融行为对个人住房、房地产企业经营和经济市场的有效性有着直接的影响。房地产业所需要的大量资金以及房地产开发运用的"财务杠杆原理"决定了房地产资金不可能单纯依赖开发商的自有资金,必须依靠金融工具进行融资。

三、房地产金融的意义

(一)为房地产开发经营提供了资金保障

在发达的金融市场,房地产金融发挥着信贷和融通资金的职能,以补充再生产过程中对资金的需求,保证房地产开发、经营资金投入产出的良性循环。房地产开发经营过程大致要经过土地购买、房地产开发建设、房地产销售、房地产经营四个主要的阶段。这四个阶段紧密相连,环环相扣,资金成为衔接各个环节的关键因素。另外,房地产的生产周期长,资金需求密集,资金供需间存在时间差。解决这个时间差,就需要金融支持。同时,从金融业的发展来看,房地产对于金融业的运作,包括业务拓展和利润生成均具有十分重要的意义。房地产作为一种不动产,具有保值和增值的特点,这就使得房地产成为金融行业的理想抵押品。

从金融市场固有的功能来看,聚资功能、配置功能和宏观调控功能都促进了房地产业的发展。

首先,金融的聚资功能起着资金"蓄水池"的作用。它将一些部门、一些经济单位在一定时间内暂时闲置的、相对零散的资金集中在一起,以满足大规模的投资需求。特别是为企业发展提供大额投资,为政府部门进行大规模的基础设施建设与公共支出提供资金来源。在金融市场上,资金需求者可以很方便地通过直接或间接的融资方式获取资金,资金供应者可以通过多种形式的金融工具,选择适合自己收益与风险偏好的流动性需求投资,以实现资金效益最大化。

其次,金融市场将资源从低效率利用的部门转移到高效率的部门,使一个社会的经济资源能最有效地配置在效率最高或效用最大的用途上,实现稀缺资源的合理配置和有效利用。根据风险偏好的不同,风险厌恶程度较高的人利用各种金融工具把风险转嫁给风险厌恶程度较低的人,以实现风险的再分配。

最后,金融市场的存在及发展为政府实施宏观调控创造了条件,货币政策的三大传统手段,即法定存款准备金、贴现率、公开市场业务的实施都是以金融市场为载体。金融市场既提供货币政策实施的信息,也为政府部门收集分析经济运行情况制定政策提供决策依据。

(二)支持居民住房消费能力的提高

长期稳定的金融支持政策是实现我国政治目标、改善人民居住水平、培育支柱产业必需的制度保障。当前,全世界各国居民住房消费普遍依赖金融支持。各国在提出解决居民住房和发展住宅产业的政策目标后,必须辅之以持续稳定的住宅融资政策,保障政策目标的实现。同时,政府对房地产业的支持和鼓励也使其迅速成长为支柱产业。我国已提出建设小康社会的目标,因此,明晰稳定的房地产金融配套政策成为居民提高住房消费能力的保证。

第二节 房地产企业业务推演流程

一、房地产企业初始情况

房地产企业可以经营多种产品：商品房和别墅，限价房，城市基础设施与配套工程。如图 4-1 所示，房地产企业初始状态均有：

4000 万元现金（可由老师调整，只要保证资产负债表平衡）；

价值 1.8 亿元的土地 20 亩；

两年期银行贷款 0.7 亿元（A 企业该笔贷款交易对象为 A 银行，其他企业依此类推）；

股东资本 1.5 亿元（可由老师调整，只要保证资产负债表平衡）；

有 2 个运营团队，目前资质为三级；

上一年实现销售额 4 亿元。

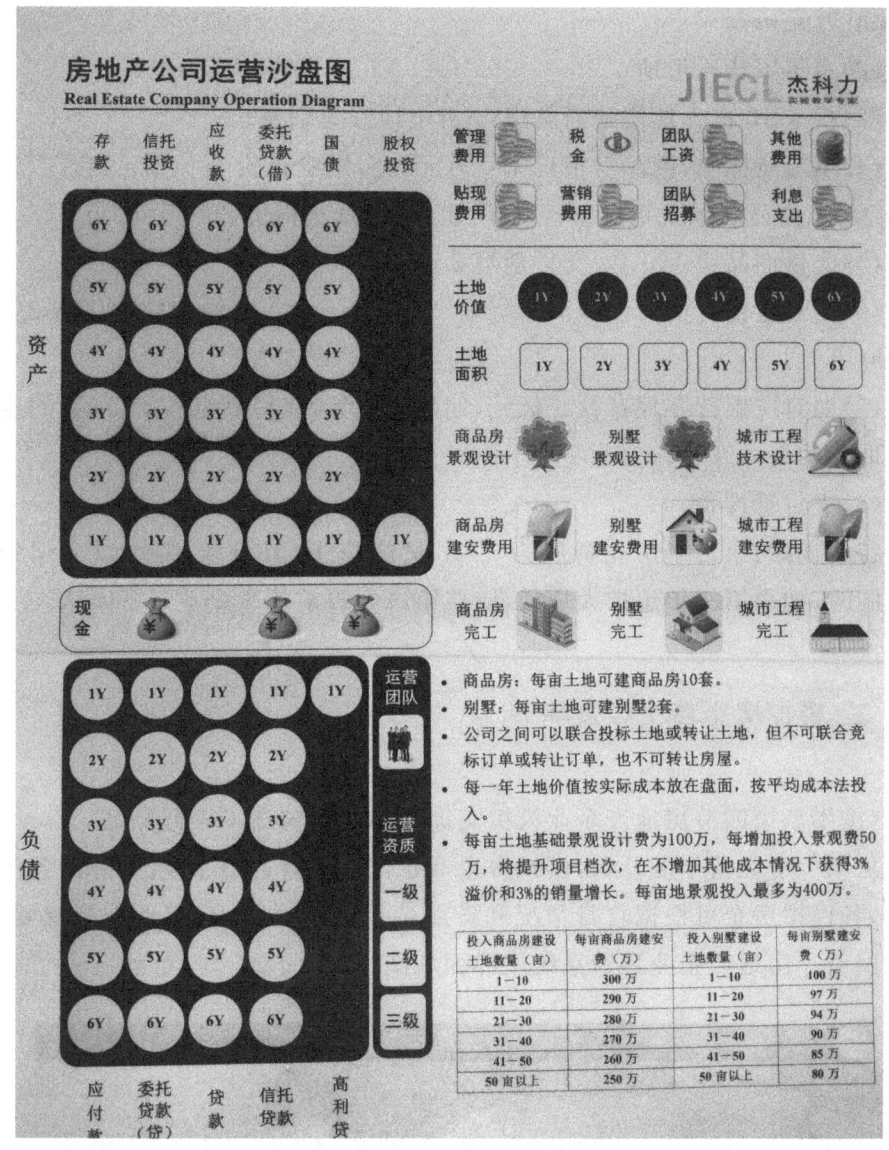

图 4-1 房地产企业初始盘面

二、第一年业务推演流程

第一个经营年度为非自主经营,各模拟房企按第一年的任务清单,在管理端引导下统一操作,旨在熟悉业务流程。

(1)向对应银行贷款一年期 1 亿元,支付额度占用费 2% 计 200 万元,财务评审费 200 万元,按贷款余额共 1.7 亿元的 8% 支付利息 1340 万元(向上取整

为1400万元);

(2)本年不竞标土地;

(3)投入16亩土地修建商品房,4亩土地修建别墅;

(4)填写竞标单,商品房报价190万元/套,别墅报价900万元/套,广告费1000万元,商品房景观报价250万元/亩,别墅景观报价250万元/亩;

(5)交付商品房160套,交付别墅8套;

(6)向对应银行申请住房消费贷款28600万元,并缴纳额度占用费2%取整600万元;

(7)向对应银行办理存款3亿元,期限为1年,获得利息600万元,约定提前支取违约金0万元;

(8)支付管理费。

特别提醒:第二年房企资质为二级,只能修40亩土地,但可以多囤积土地。同时,如果第三年想扩大规模,应在第二年提前招聘企业运营团队。

三、模拟房企自主经营环节

(按本章第四节房地产企业模拟实训的相关步骤逐步进行)

从第二个经营年度开始,模拟房企开始自主经营,即在管理引导的各个环节里,各模拟房企可根据自身情况和意愿选择合作对象,在实训推演规则下,自主经营。房地产企业运营系统主界面如图4-2所示。

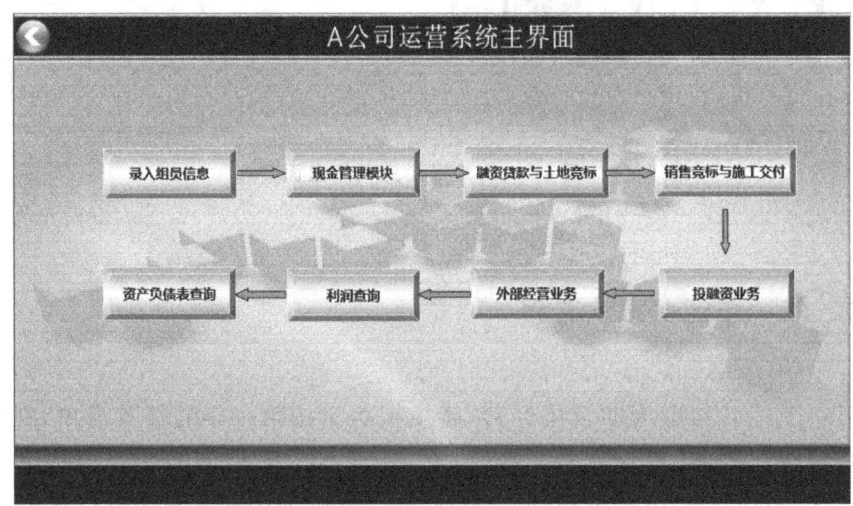

图4-2 房地产企业运营系统主界面

（一）第二年及以后经营年度按表格内既定业务顺序逐步推进（具体参见本章第四节）

1. 现金管理模块
2. 融资贷款与土地竞标模块
3. 销售竞标与施工交付模块
4. 投融资业务模块
5. 外部经营业务模块

（二）每年末根据经营情况，及时总结反思，并调整下一年的经营策略

1. 年末查看利润表和资产负债表
2. 年末在管理端查看监管情况和绩效分析表
3. 总结反思

第三节　房地产企业实训推演规则

一、模拟房企订单获取的规则

（一）商品房订单获取规则

房地产公司的订单取决于品牌效应和报价，各公司的广告费用竞标以百万元为单位，商品房销售报价以 10 万元为一单位（每套商品房市场参考价 150 万元，最高限价为 200 万元）。别墅报价以 50 万元为一单位（每套别墅市场参考价 700 万元，最高限价为 1000 万元）。规划设计越好，房屋卖价越高，规划设计费为房价的 10%。

广告对房地产公司的营销非常重要，如要销售，广告费最低为 100 万元。

品牌效应＝本年广告费＋上年销售额×0.01＋上上年销售额×0.005

品牌效应越高，订单越多；报价越低，订单越多。

公司之间不可以联合竞标订单或转让订单，也不可以转让房屋。

（二）城建工程竞标规则

模拟房企第三年开始可以竞标城市基础设施与配套工程，条件是具有一级开发资质。开发商资质要求见表 4-1。政府将以土地换项目的形式和应付款形式开展城市基础设施与配套工程，竞标标的是当年可以换取的土地亩数，

采取拍卖制,各组报出换取土地数量,优先满足换取土地亩数最少的企业。基础设施与配套工程换取的土地按 900 万元/亩计入当年业务收入,该批土地成本也按 900 万元/亩计算。城市建设工程项目有两类,如表 4-2 所示。老师每年可以根据竞争情况决定城市建设工程的项目数量。

表 4-1 房地产企业开发资质表

	一级	二级	三级
资格	累计 2 年盈利,有 3 个运营团队,上年开发土地 40 亩	上一年盈利,有 2 个运营团队,上年开发土地 20 亩	有 1 个运营团队
经营范围	不限规模,可开发城市基础设施与配套工程	每年开发土地总规模为 40 亩	每年开发土地总规模为 20 亩

表 4-2 市政工程项目

项目号	需要技术设计费	需要建安费	最多换取土地数	账期
A1	0.1 亿元	2 亿元	27 亩	当年末土地到位
A2	0.2 亿元	3 亿元	40 亩	当年末土地到位

二、房地产企业订单交付与消费信贷规则

所有订单年底交货。房地产公司可以选择捂盘不售,订单过多无法交付时,房地产公司将按未交付订单额的 10%进行罚款,当年未交付的订单将全部作废。

如交货后还有商品房未售完,模拟房企可以选择由政府作为限价房以市场参考价收购,但 2 年后才能收到(记 2 年应收款)。政府不收购别墅。

初始年消费者现金首付比例为 30%,尾款由银行发放消费信贷,期限为 5 年,利率为当年贷款利率,采用等额本金偿还,从贷款当年开始还利息,本金由消费者次年开始偿还。为简化计算,每年按消费贷款余额的 20%等额偿还。每年首付比例由央行规定,首付款比例每调低 5%,总订单增长约 10%,反之亦然。

当银行无现金为房地产企业发放消费信贷时,企业应计 6 年应收款,该应收款可以在以后年度办理消费贷款(此应收款为消费者购房欠款,不能贴现)。最后一年,只要商业银行有现金发放消费贷款,且利率不高于该房企往年办理

消费贷款的利率,房地产企业必须全部办理。

房地产企业每亩地的基础景观投入为100万元,在此基础上每增加投入50万元,将在不增加其他成本的情况下,获得3%的销售溢价和3%的销量增长。每亩景观投入最多为400万元。

三、房地产公司的土地竞标规则

政府的底线是800万元/亩,各公司以50万元/亩为一个报价单位,为避免恶性竞争,最高限价为1200万元/亩。模拟房企购买土地总金额不得超过盘面现有资金,单价高者优先拿地,单价相同时,按交投标单顺序优先拿地。企业参与竞标后不拿地,将按违规处罚。

企业之间可以联合投标土地,公司之间土地可以转让,价格自定。企业之间的交易可以以应付款记账。企业拿地后,可自由选择建设别墅还是商品房。

为了获取最高收益,每一年政府会视房地产价格波动决定是否增加供地,老师可以修改每年的供地计划。

流标的土地加入到下一年继续竞标,上一年超供的土地也在下一年扣减。

四、房地产公司的人员规则

房地产公司销售收入每5亿元(不含限价房销售收入)需要1个运营团队,每个运营团队招募费用为100万元,年工资奖金为1000万元(从招聘当年开始发工资奖金),所有业务需提前一年配备好团队,否则只能按现有团队最大业务量减少商品房/别墅的订单(系统优先减少商品房订单,再减少别墅订单)。团队辞退当年仍需支付工资奖金。

五、沙盘盘面布置规则

(一)现金管理模块

(1)应收应付款到期,收到或支付本金,此时就把到期应收或应付记账筹码撤出;

(2)企业提前支取存款,需要把存款记账筹码撤出。

(二)融资贷款与土地竞标模块

(1)获得贷款或高利贷、委托贷款时,均要在盘面摆放记账筹码;贷款到期时,取出。

(2)信托购买或发行时,均要在盘面摆放记账筹码;到期时,取出。

(3)获得土地时,要用现金支付土地款,再在盘面上相应年份摆放记账筹码。

(三)销售竞标与施工交付模块

(1)股权投资:需要在盘面上摆放记账筹码,但收到股权投资方不需要摆放记账筹码。

(2)工程实施:投入土地修建商品房或别墅时,土地价值筹码要随土地一起移动。

(3)商品房或别墅修建完工时,土地价值筹码、土地筹码、建安费筹码要拿到央行组换取对应的房屋筹码。

(4)无法拿到消费贷款时,应记六年期应收款筹码;次年初重新办理该消费贷款时,应把此应收款筹码取出。

(四)投资业务模块

(1)银行存款时,应放上相应年份的记账筹码;存款到期或提前支取时,取出。

(2)购买国债时,应放上相应年份的特定国债记账筹码;国债到期或提前支取时,取出。

第四节 房地产企业业务模拟实训

公司管理运营报表打开后会显示现金管理模块的报表,点击左上方的蓝色按钮可回到主页面,如图 4-3 所示。模拟房企运营系统具有现金管理模块、融资贷款与土地竞标模块、销售竞标与施工交付模块、投融资业务模块、外部经营业务模块、利润查询模块、资产负债表查询七大模块。学生按箭头所示方向操作即可。

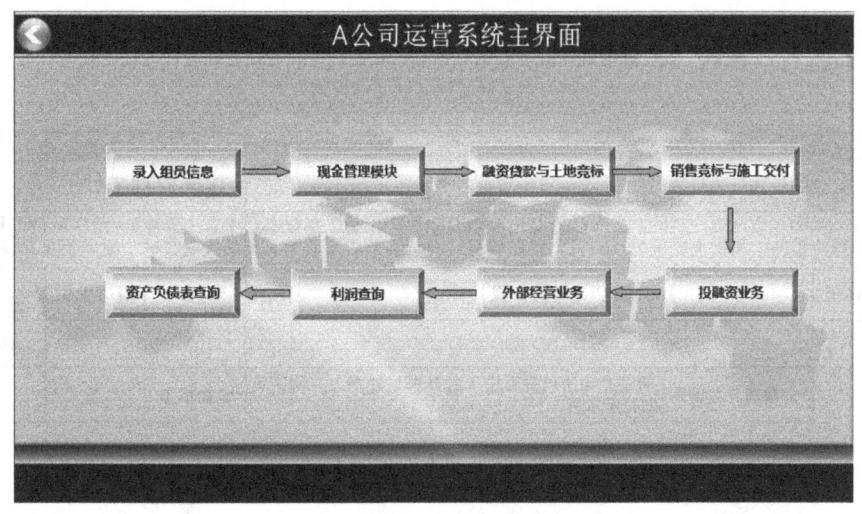

图 4-3　公司运营主界面

一、录入组员信息

此步骤仅第一年需要。成员信息填写表如图 4-4 所示。

图 4-4　填写成员信息

二、现金管理模块

(一)申请开发资质

清空上年所有费用栏(含景观费),确定本期开发资质(初始状态均为三级,经过第一年统一运营后均升级为二级资质。以后年份视各组经营情况不一而定);清空其他费用类筹码,领取开发资质摆盘。开发资质申请表如图 4-5 所示。

序号	经营步骤		责任人	填写单据	第一年
	现金管理模块				
	填写说明:请在每一年的发生金额一栏中填写数字后将自动生成报表,未发生就填0。数字前面不能用"+"字,单位是万,如发生金额为1000万,只需填写1000。请勿更改此表名称结构和任何步骤,现金余额一栏				
5	期初现金余额				4000
6	1、申请开发资质	清空上年所有费用栏(含景观设计费),确定本期开发资质	全体成员	无	3

图 4-5 开发资质申请

(二)资金规划

模拟房企应在年初宏观政策出来后,对本年度本企业的经营有相应的经营设想,并做好资金规划(规划表如表 4-3 所示,可利用数据建模分析工具,具体使用方法参见附件一),即在对本模拟房企资产负债情况有通盘了解的基础上,测算出本年度的预计贷款金额,以便开始本年度的经营。

表 4-3 房地产公司资金规划表 单位:万元

项目	第一年	第二年	第三年	第四年	第五年	第六年
上年现金余额						
竞标土地支出						
归还到期负债						
支付利息和中间业务费用						
竞标订单广告支出						
景观与规划设计支出						
建安支出						
国债投资						
放出委托贷款						
运营团队支出						
增值税和所得税支出						
支付管理费 2500 万元						
其他支出						
支出合计						

续表

项目	第一年	第二年	第三年	第四年	第五年	第六年
各资产项到期本金与利息收入						
各产品交付现金收入						
其他收入						
收入合计						
剩余现金预计						
预计贷款金额						

(三)理财结算

公示股票收益,支付分红款;股票投资盈利,收到现金分红金额;领取筹码并摆盘登账。理财结算填写表如图4-6所示。

	A	B	C	D	E	F
1				现金管理模块		
2	填写说明:请在每一年的发生金额一栏中填写数字后将自动生成报表,未发生就填0。数字前面不能用"+"字单位是万,如发生金额为1000万,只需填写1000。请勿更改此表名称结构和任何步骤,现金余额一栏					
3	序号		经营步骤	责任人	填写单据	第一年
4						
8		3、理财结算	公示股票收益,支付分红款	理财经理	无	0
9			股票投资盈利,收到现金分红金额			0

图4-6 理财结算

(四)重新办理上年未办理的消费贷款

以前年度未办理的消费贷款可在这一环节重新向模拟商行申请。与模拟商行洽谈办理,签订协议书,登记金额;支付额度占用费,领取现金筹码并登账摆盘,如图4-7所示。

	A	B	C	D	E	F
1				现金管理模块		
2	填写说明:请在每一年的发生金额一栏中填写数字后将自动生成报表,未发生就填0。数字前面不能用"+"字单位是万,如发生金额为1000万,只需填写1000。请勿更改此表名称结构和任何步骤,现金余额一栏					
3	序号		经营步骤	责任人	填写单据	第一年
4						
11		4、上年未办理的消费贷款重新办理	以前年度未办理的消费贷款余额	市场经理	消费贷款协议	0
12	年初		以前年度未办理的消费贷款重新向银行申请办理,成功办理的金额为			0
13			支付银行额度占用费			0

图4-7 办理上年未办理的消费贷款

(五)应收应付业务

本环节办理应收应付业务。如图 4-8 所示,所有应付款往前移一格,到期偿还/提前偿还本金(本实训中主要有土地转让中产生的应收应付款以及政府收购的限价房款);盘面资产项的应收款往前移一格,到期收回现金或提前贴现(未到期的限价房款有需要可以办理贴现);如有办理贴现,可统一竞标,也可以单独与相应的模拟商行协商办理,支付提前贴现费,提前取得现款;领换筹码并登账摆盘。

序号	经营步骤		责任人	填写单据	第一年
14	5、应收应付业务	所有应付款往前移一格,到期偿还/提前偿还本金	会计主管	无	0
15		盘面资产项的应收款往前移一格,到期收回现金或提前贴现,本金为			0
16		支付提前贴现费			0

图 4-8 应收应付业务

(六)提前支取存款

本环节模拟房企可办理提前支取存款业务(受制实训规则的限制,模拟房企无低于一年期的存款可选择,并且至少得到下一年的企业存款环节才到期支取。但是此前企业就有用款需要,所以一般都会提前支取。这里模拟商行和企业当初签署存款协议时即可以就违约情况进行相应约定,以书面形式明确下来。现实生活中则灵活得多,企业可以根据自己的意愿选择存款期限和支取)。模拟房企按当初的约定支付违约金,注销原存款协议,归还存款筹码,领取违约金筹码放入其他费用栏。根据实际经营操作进行登账摆盘。提前支取存款填写表如图 4-9 所示。

序号	经营步骤		责任人	填写单据	第一年
17	6、提前支取存款	企业存款提前取出,本金为	会计主管	无	0
18		存款提前支取,支付违约金			0

图 4-9 企业存款提前支取

(七)盘点现金

本模块业务终了,进行现金盘点,核实盘面和账面是否一致,做到"账实相符"。无误则进入下一环节。现金盘点填写表如图 4-10 所示。

	A	B	C	D	E	F
1				现金管理模块		
2	填写说明:请在每一年的发生金额一栏中填写数字后将自动生成报表,未发生就填0。数字前面不能用"+"字单位是万,如发生金额为1000万,只需填写1000。请勿更改此表名称结构和任何步骤,现金余额一栏					
3	序号		经营步骤	责任人	填写单据	
4						第一年
19	7、盘点现金		现金盘点	全体成员	无	4000

图 4-10 现金盘点

三、融资贷款与土地竞标模块

(一)贷款及利息结算

本环节办理模拟房企向模拟商行融资贷款业务,对公贷款表如表 4-4 所示。先办理账上现有贷款相关。所有模拟商业银行贷款往前移一格,到期偿还/提前偿还本金(到期贷款归还,未到期贷款支付财务评审费和利息);前因无法归还贷款办理高利贷者,则高利贷往前移一格,到期偿还本金;再根据本年度资金规划情况办理新贷款融资业务。贷款及利息结算填写表如图 4-11 所示。

表 4-4 房地产公司对公贷款

竞争规则:由贷款综合指标得分最高的企业先选银行进行贷款,银行如果拒绝,其同等客户的贷款利率应依次升高。如果企业贷款综合指标得分相同,再依次比较贷款规模大小,规模大者优先选择

	第一年	第二年	第三年	第四年	第五年	第六年
贷款规模(万元)						

	A	B	C	D	E	F
1					融资贷款与土地竞标	
2		填写说明：请在每一年的发生金额一栏中填写数字后将自动生成报表，未发生就填0。数字前面不能用"+"或"-"号，也不 单位是万，如发生金额为1000万，只需填写1000。请勿更改此表名称结构和任何步骤，现金余额一栏将自动计算。				
3	序号	经营步骤		责任人	填写单据	
4						第一年
5	1	贷款及利息结算	所有银行贷款往前移一格，到期偿还/提前偿还本金	总经理	填写对公贷款表，与银行签订企业贷款协议	0
6			高利贷往前移一格，到期偿还本金			0
7			签订贷款协议书，获得银行贷款			10000
8			支付申请贷款的额度占用费、财务评审费和担保费；以及提前还贷或延后还贷的违约金			400
9			为其他企业提供担保，获得担保费			0
10			办理高利贷，获得现金			0
11			支付所有银行贷款与高利贷利息			1400
12			被担保企业违约，本公司支付连带赔偿，金额为			0
13			收到违约房企偿还的连带赔偿款			0

图 4-11　贷款及利息结算

根据信贷评分竞标贷款顺序(有事前书面绑定者优先)，确定与模拟商行谈判顺序，谈妥签订企业贷款协议，获得银行贷款；支付申请贷款的额度占用费、财务评审费、担保费(在图 4-12 进行区分银行贷款明细登记，汇总计入图 4-11)以及提前还贷或延后还贷的违约金；如有为其他企业提供担保，获得担保费；如无现金归还到期贷款，则办理高利贷获得现金支付；支付所有银行贷款与高利贷利息；如若为其他企业担保而被担保企业违约，本公司支付连带赔偿金额；收到违约房企偿还的连带赔偿款。根据实际经营操作进行登账摆盘。

	A	B	C	D	E	F	G
1					融资贷款与土地竞标		
2		填写说明：请在每一年的发生金额一栏中填写数字后将自动生成报表，未发生就填0。数字前面不能用"+"或"-"号，也不 单位是万，如发生金额为1000万，只需填写1000。请勿更改此表名称结构和任何步骤，现金余额一栏将自动计算。					
3	序号	经营步骤		责任人	填写单据	第一年	第二年
4							
49							
50		银行贷款记录表（请不要把消费贷款项目记入此表）					
51		银行名称	贷款项目		初始状态	第一年	第二年
52			贷款金额（万）		7000	10000	
53			到期年份（第N年）		2	2	
54			固定利率（%）		8.00%	8.00%	
55			每年应付利息（万）		600	800	
56			额度占用费比例（%）		0.00%	2.00%	
57			一次性支付额度占用费（万）		0	200	
58			每年应付财务评审费（万）		0	200	

图 4-12　银行贷款记录表

(二)委托贷款

委托贷款是无法直接获得模拟商业银行贷款融资的企业通过其他企业获

得资金的环节。另外未拍得足够土地而此前又贷入较多资金的企业为降低资金成本也可以主动把资金通过委托贷款转贷给其他需要资金的企业。委托贷款填写表如表 4-5 所示。

表 4-5 房地产公司委托贷款

竞争规则：由资金需求最多的企业优先选择利率最低的委托贷款，中间业务费率最低银行						
	第一年	第二年	第三年	第四年	第五年	第六年
需要贷款的规模（万元）						
愿意贷出金额（万元）						
最高年利率%（贷出方填写）						

图 4-13 委托贷款

（三）竞标与转让土地

竞标土地，填写土地竞标表（表 4-6），获得土地数量（亩）；竞标土地，支付土地款；土地竞标违约，被没收保证金或罚款；转出土地，填写土地转让表（表 4-7），成功转让数量为（亩）；转出土地，将相应数量的土地价值筹码移出盘面，登记金额；转出土地，收到现款或应收款；收购其他公司土地，数量为（亩）；收购其他公司土地，支付现款或土地剩余应付款。按实际经营操作进行登账摆盘。竞标与转让土地填写表如图 4-14 所示。

表 4-6 房地产公司土地竞标单   单位：万元

	第一年	第二年	第三年	第四年	第五年	第六年
每亩土地报价（800～1200 万元/亩,50 万元为一个报价单）						
本年竞标土地（亩）						

表 4-7 房地产公司土地转让

竞争规则：由买入单价最高者优先挑选出让土地最多者

	第一年	第二年	第三年	第四年	第五年
最大出让土地（亩）					
最高出让单价（万元/亩）					

	A	B	C	D	E	F
1				融资贷款与土地竞标		
2		填写说明：请在每一年的发生金额一栏中填写数字后将自动生成报表，未发生就填0。数字前面不能用"+"或"—"。单位是万，如发生金额为1000万，只需填写1000。请勿更改此表名称结构和任何步骤，现金余额一栏将自动计				
3	序号		经营步骤	责任人	填写单据	第一年
4						
30	3	竞标与转让土地	竞标土地，填写土地竞标表，获得土地数量（亩）	运营经理	填写土地竞标表和转让表	0
31			竞标土地，支付土地款，金额为			0
32			土地竞标违约，被没收保证金或罚款			0
33			转出土地，填写土地转让表，成功转让数量为（亩）			0
34			转出土地，相应数量的土地价值筹码移出盘面，金额为			0
35			转出土地，收到现款			0
36			转出土地的应收款			0
37			收购其他公司土地，数量为（亩）			0
38			收购其他公司土地，支付现款			0
39			收购其他公司土地剩余应付款			0

图 4-14 竞标与转让土地

Tip 24：土地竞标的考虑因素

土地供给总量：各公司库存土地＋本年新增土地量；

土地需求总量：商品房总订单/10＋别墅总订单/2；

是否储备土地的发展战略；

各公司现有资金总量和新增贷款总量：实力雄厚的公司更可能囤积土地。

Tip 25：土地竞拍的报价底线——逆推法

例如：假定商品房报价是 190 万元/套，毛利约为（售价 190 万元－土地成本－建安成本 30 万元－景观投入 10 万元－规划设计费 19 万元－增值税约 3

万元)。如果希望保持15%(即27万元)的毛利率,则土地成本至多应为1010万元/亩。

若此时考虑固定费用摊销,土地竞拍的报价则要低得多。

请使用数据建模分析工具进行企业土地价格测算。

(四)竞标城建工程与盘点

城建工程只有一级资质的房地产企业才能参与竞标。有A1和A2两种可供选择。兑换土地亩数少者胜出。城建工程竞标填写表如图4-15所示。

图4-15 城建工程竞标

(五)盘点现金

融资贷款与土地竞标模块结束,进行现金盘点,核实盘面和账面是否一致,做到"账实相符"。无误则进入下一环节。现金盘点填写表如图4-16所示。

图4-16 现金盘点

四、销售竞标与施工交付模块

(一)股权投资

发行股票,填写股票发行表(表4-8),收到股票投资款,填写股权投资表;购买股票,支付股票投资款;卖出股票,请先填写股票当年投资总价款(含溢价);卖出股票,收到股票转让款;赎回股票,用现金支付。股权投资填写表如图4-17所示。

表 4-8　房地产公司股权发行与购买

购买规则：按溢价率高者优先满足，再按照购买规模最大者依次优先满足						
	第一年	第二年	第三年	第四年	第五年	第六年
股权发行规模（万元）						
占股权比例%						
	第一年	第二年	第三年	第四年	第五年	第六年
购买规模（万元）						
溢价（万元）						

注：企业发行股票应保证控股权不变。股票发行后，每年的净利润将按股份比例在下一年分红。

股权发行的溢价与折价只通过股份占比不同来反映。例如：当 A 企业股东权益为 3 亿元时，想通过股权筹资 1 亿元，如果新股东出资 1 亿元并占股 25%（总股本 4 亿元，其中新股东占 1 亿元），则表示按每股 1 元的平价发行；如果新股东出资 1 亿元只能占 1/7 股份（总股本 3.5 亿元，新股东占 0.5 亿元），表示按每股 2 元溢价发行；如果新股东出资 1 亿元并占股 40%（总股本 5 亿元，新股东占 2 亿元），表示按每股 0.5 元折价发行。

图 4-17　股权投资

（二）订单竞标

本环节进行订单竞标。即确认市场能够消化被认购的商品房和别墅。各模拟房企填写订单竞标单（表 4-9），要明确广告费投入、商品房每亩景观投入和别墅每亩景观投入，参与竞标（如果不做商品房开发业务，则不填报商品房报价；不做别墅开发业务，则不报别墅报价；别墅需要订单支持才能销售；订单外的商品房可以由政府收购为限价房，但是不能取得现金，是以两年的应收款计入销售收入；这里还要注意年初的奖励政策中有无关于商品房销量前二的规定。销售量中含限价房和商品房，但不含别墅）。在图 4-18 订单竞标中，填入广告费（每年最低 3000 万元）、商品房的每亩景观报价（万元/亩）、别墅的每亩景观报价（万元/亩）。

第四章 房地产企业业务模拟实训——资金需求方操作

表 4-9 房地产公司商品房和别墅订单竞标　　　　　　　　　　单位：万元

	第一年	第二年	第三年	第四年	第五年	第六年
商品房价格（150万元～200万元，以10万元为一报价单位）						
别墅价格（700万元～1000万元，以50万元为一报价单位）						
广告费（100万元～上年销售额的20%）						
商品房每亩景观投入（100万元～400万元，每增加50万元，将获得3%的销售溢价和3%的销量增长）						
别墅每亩景观投入（规则同上）						

图 4-18 订单竞标

Tip 26：商品房 VS. 别墅

商品房和别墅利润率的比较如图 4-19 所示。（忽略管理费、财务费用、营销费等期间费用）。

商品房售价：150万　　　　别墅售价：700万
土地成本：80万　　　　　　土地成本：400万
景观费：10万　　　　　　　景观费：50万
建安成本：30万　　　　　　建安成本：50万
规划设计费：15万　　　　　规划设计费：70万
增值税：约1.5万　　　　　 增值税：约13万

第一年商品房毛利率=?%　　第一年别墅毛利率=?%

图 4-19 商品房 VS 别墅

计算增值税时,根据销售商品或劳务的销售额(应扣除当期销售房地产对应的土地价款后),按规定的税率计算出销项税额,然后扣除取得该商品或劳务时所支付的增值税款,也就是进项税额,其差额就是增值部分应交的税额。

1. 商品房 150 万报价的利润率

销项税＝商品房销售单价－每套商品房土地成本－(商品房销售单价－每套商品房土地成本)/(1＋增值税率)＝150－80－(150－80)/1.11＝6.94(万元)

景观绿化和建安 11% 进项税＝每套商品房景观费＋每套商品房建安费－(每套商品房景观费＋每套商品房建安费)/(1＋增值税率)＝(10＋30)－(10＋30)/1.11＝3.96(万元)

规划设计费 11% 进项税＝每套商品房规划设计费－每套商品房规划设计费/(1＋增值税率)＝15－15/1.11＝1.49(万元)

增值税＝销项税额－进项税额＝6.94－3.96－1.49＝1.49(万元)

此时,商品房 150 万报价的毛利率＝(商品房销售单价－每套商品房土地成本－每套商品房景观费－每套商品房建安费－每套商品房规划设计费－增值税)/商品房销售单价＝(150－80－10－30－15－1.49)/150＝9.01%

2. 别墅 700 万报价的利润率

销项税＝别墅销售单价－每套别墅土地成本－(别墅销售单价－每套别墅土地成本)/(1＋增值税率)＝700－400－(700－400)/1.11＝29.73(万元)

景观绿化和建安 11% 进项税＝每套别墅景观费＋每套别墅建安费－(每套别墅景观费＋每套别墅建安费)/(1＋增值税率)＝(50＋50)－(50＋50)/1.11＝9.91(万元)

规划设计费 11% 进项税＝每套别墅规划设计费－每套别墅规划设计费/(1＋增值税率)＝70－70/1.11＝6.94(万元)

增值税＝销项税额－进项税额＝29.73－9.91－6.94＝12.88(万元)

此时,别墅 700 万报价的毛利率＝(别墅销售单价－每套别墅土地成本－每套别墅景观费－每套别墅建安费－每套别墅规划设计费－增值税)/别墅销售单价＝(700－400－50－50－70－12.88)/700＝16.73%

3. 商品房 200 万报价的利润率

销项税＝商品房销售单价－每套商品房土地成本－(商品房销售单价－每套商品房土地成本)/(1＋增值税率)＝200－80－(200－80)/1.11＝11.89(万元)

景观绿化和建安 11% 进项税＝每套商品房景观费＋每套商品房建安费－(每套商品房景观费＋每套商品房建安费)/(1＋增值税率)＝(10＋30)－

(10+30)/1.11=3.96(万元)

规划设计费11%进项税＝每套商品房规划设计费－每套商品房规划设计费/(1+增值税率)＝20－20/1.11＝1.98(万元)

增值税＝销项税额－进项税额＝11.89－3.96－1.98＝5.95(万元)

此时,商品房200万报价的毛利率＝(商品房销售单价－每套商品房土地成本－每套商品房景观费－每套商品房建安费－每套商品房规划设计费－增值税)/商品房销售单价＝(200－80－10－30－20－5.95)/200＝27.03%

4.别墅1000万报价的利润率

销项税＝别墅销售单价－每套别墅土地成本－(别墅销售单价－每套别墅土地成本)/(1+增值税率)＝1000－400－(1000－400)/1.11＝59.46(万元)

景观绿化和建安11%进项税＝每套别墅景观费＋每套别墅建安费－(每套别墅景观费＋每套别墅建安费)/(1+增值税率)＝(50+50)－(50+50)/1.11＝9.91(万元)

规划设计费11%进项税＝每套别墅规划设计费－每套别墅规划设计费/(1+增值税率)＝100－100/1.11＝9.91(万元)

增值税＝销项税额－进项税额＝59.46－9.91－9.91＝39.64(万元)

此时,别墅1000万报价的毛利率＝(别墅销售单价－每套别墅土地成本－每套别墅景观费－每套别墅建安费－每套别墅规划设计费－增值税)/别墅销售单价＝(1000－400－50－50－100－39.64)/1000＝36.04%

虽然别墅整体利润率较高,但别墅总订单量少,无法摊销固定成本(如利息、管理费用、团队工资、营销费用等),有可能并不比商品房有优势。

在土地开发决策中,除了利润率还应考虑到商品房销售奖励、建安费及景观投入等,综合以上因素再决定两项不同房产项目的土地开发投入。

Tip 27：广告费决策示例

广告费占比应小于毛利率,换言之,广告费用带来的销售收入应超过同期产品利润率。例如,第一年商品房利润率是10%,如果商品房广告投入1000万元,带来的税后收入增加超过1亿元,则投入广告是明智的,否则会降低同期产品利润率。

1.报价较高时广告投入对收入的拉动作用

某年房地产公司报价与订单如图4-20所示。

	第二年订单竞标					
房地产公司	A	B	C	D	E	F
商品房报价（万）	190	190	190	190		
别墅报价（万）	900	900	900	900		
广告费（万）	100	500	1000	1500		
品牌效应	657	1057	1557	2057	200	200
实际商品房订单（套）	230	240	250	260	0	0
实际别墅订单（套）	12	14	16	16	0	0

图 4-20　订单竞标广告费报价（一）

C 公司多投 500 万元广告相较 B 公司多获得 10 套商品房订单和 2 套别墅订单。

若报价为 190 万元，每套商品房毛利＝销售单价－土地成本－建安费－景观费－规划设计费－增值税＝190－80－30－10－19－3＝48（万元）

若报价为 900 万元，每套别墅毛利＝销售单价－土地成本－建安费－景观费－规划设计费－增值税＝900－400－50－50－90－30＝280（万元）

500 万元广告多获得总毛利＝每套商品房毛利×每亩开发商品房套数＋每套别墅毛利×每亩开发别墅套数＝48×10＋280×2＝1040（万元）

2.报价较低时广告投入对收入的拉动作用

某年房地产公司报价与订单如图 4-21 所示。

	第二年订单竞标					
房地产公司	A	B	C	D	E	F
商品房报价（万）	150	150	150	150		
别墅报价（万）	700	700	700	700		
广告费（万）	100	500	1000	1500		
品牌效应	657	1057	1557	2057	200	200
实际商品房订单（套）	320	340	350	360	0	0
实际别墅订单（套）	20	24	26	26	0	0

图 4-21　订单竞标广告费报价（二）

C 公司多投 500 万元广告相较 B 公司多获得 10 套商品房订单和 2 套别墅订单。

若报价为 150 万元，每套商品房毛利＝销售单价－土地成本－建安费－景观费－规划设计费－增值税＝150－80－30－10－15－1.5＝13.5（万元）

若报价为 700 万元，每套别墅毛利＝销售单价－土地成本－建安费－景观费－规划设计费－增值税＝700－400－50－50－70－19＝111（万元）

500 万元广告多获得总毛利＝每套商品房毛利×每亩开发商品房套数＋

每套别墅毛利×每亩开发别墅套数＝13.5×10＋111×2＝357(万元)

但是,报价是还应考虑到其他各家的营销策略,如果此时有 2 家模拟房企同时报高广告费,在订单总量一定的情况下分配的订单数量将会相对减少,随之获得的利润也会相对下降。

营销费用率即市场营销费用占销售额的比例。营销费用包括推销员费用、广告费、促销费、市场调查费、营销管理费等。营销费用率越低,企业的效益就越好。

Tip 28:商品房、别墅报价策略示例

在广告投入费相同的情况下,不同的价格获得的订单数量如图 4-22,商品房报价较高的 D 公司获得相对较少的商品房订单,别墅报价较高的 A 公司获得相对较少的别墅订单。

房地产公司	第二年订单竞标					
	A	B	C	D	E	F
商品房报价(万)	150	170	190	200		
别墅报价(万)	1000	900	800	700		
广告费(万)	1000	1000	1000	1000		
品牌效应	1557	1557	1557	1557	200	200
实际商品房订单(套)	600	330	190	150	0	0
实际别墅订单(套)	10	14	20	30	0	0

图 4-22　商品房、别墅订单分配

利润总额测算（商品房）

房地产公司	房企A	房企B	房企C	房企D
每套商品房售价（万/套）	150	170	190	200
景观（万/亩）	100	100	100	100
土地成本（万/亩）	800	800	800	800
预计本年销售商品房（套）	600	330	190	150
本年团队个数	2	2	2	2
预计利息和中间业务费（万）	1800	1800	1800	1800
预计营销费（万）	1000	1000	1000	1000
以上固定费用分摊比例（%）	100%	100%	100%	100%
预计利润总额（万）	808	2511	1430	808

图 4-23　商品房利润总额测算

在景观投入、土地成本、团队、财务费用及营销费用相同的情况下,对比图 4-22 和图 4-23 计算出来的结果发现,单套商品房报价最高的 D 公司由于订单相对较少,所以其预计利润总额也较低,而单套商品房报价最低的 A 公司虽获得大量订单,但获得的利润也相对较低。同样,对比图 4-24 我们会发现,在上述成本相同的情况下,别墅利润相对较少的也是单套别墅报价最高的 A 公司和报价最低的 D 公司。因此,房企营销报价时应综合考量价格、订单、土地成本、景观投入、团队、财务费用以及营销费用等因素。

利润总额测算（别墅）

房地产公司	房企A	房企B	房企C	房企D
每套别墅售价（万/套）	1000	900	800	700
景观（万/亩）	100	100	100	100
土地成本（万/亩）	800	800	800	800
预计本年销售别墅（套）	10	14	20	30
本年团队个数	2	2	2	2
预计利息和中间业务费（万）	1800	1800	1800	1800
预计营销费（万）	1000	1000	1000	1000
以上固定费用分摊比例（%）	30%	30%	30%	30%
预计利润总额（万）	1414	1720	1774	1324

图 4-24　别墅利润总额测算

Tip 29：景观费决策示例

每亩土地增加 5 万元的景观投入时,每套商品房每增加 5 万元的景观投入,最多带来 6 万元的额外销售收入（售价 200 万元×3%）;每亩土地增加 5 万元的景观投入时,每套别墅每增加 25 万元的景观投资,最多带来 30 万元的额外销售收入（售价 1000 万元×3%）,扣除 10% 的规划设计费后,若同时,每亩 50 万的景观投资还会带来 3% 的销量增长,结果如下:

1.报价相对较高时景观投入对销售收入的拉动作用

按上述报价策略中的竞标结果,商品房如果 190 万元报价,约可以获得 190 套订单。

每亩地每增加 50 万元景观投资,销售量将增加 6 套（190×3%）,商品房订单总量为 196 套。

若不另外增加景观投入,每套商品房毛利＝销售单价－土地成本－建安费－景观费－规划设计费－增值税＝190－80－30－10－19－3＝48（万元）

总毛利＝每套商品房毛利×套数＝48×190＝9120（万元）

若每亩地增加50万元景观投资,每套商品房毛利＝销售单价×(1+溢价率)－土地成本－建安费－景观费－规划设计费(1+溢价率)－增值税＝190×1.03－80－30－15－19×1.03－3＝48.13(万元)。

总毛利＝每套商品房毛利×套数×(1+增长率)＝48.13×196＝9433.48(万元)

投资回报率＝(增加景观投入后的总毛利－不增加景观投入的总毛利)/(每亩景观投入×亩数)＝(9433.48－9120)/(50×20)＝31.35%

2.报价相对较低时景观投入对销售收入的拉动作用

按上述报价策略中的竞标结果,商品房如果以每套150万元报价,约可以获得600套订单。

每亩地每增加50万元的景观投资,销售量将增加18套(600×3%),商品房订单总量为618套。

若不另外增加景观投入,每套商品房毛利＝销售单价－土地成本－建安费－景观费－规划设计费－增值税＝150－80－30－10－15－1.5＝13.5(万元)

总毛利＝每套商品房毛利×套数＝13.5×600＝8100(万元)

若每亩地增加50万元景观投资,每套商品房毛利＝销售单价×(1+溢价率)－土地成本－建安费－景观费－规划设计费×(1+溢价率)－增值税＝150×1.03－80－30－15－15×1.03－1.5＝12.55(万元)

总毛利＝每套商品房毛利×套数×(1+增长率)＝12.55×618＝7755.9(万元)

投资回报率＝(增加景观投入后的总毛利－不增加景观投入的总毛利)/(每亩景观投入×亩数)＝(7755.9－8100)/(50×62)＝－11.1%

在报价较低时,投入景观带来的收入反而小于不增加景观投入时的收入。因此,并非只要增加景观投入就能带来相应的收入,还应综合考虑报价、订单、土地成本、建安费用、规划设计费、增值税等因素。

请使用数据建模分析工具进行报价、广告费与景观投入测算。

(三)工程实施

本环节中模拟房企投入各项费用开支,实施工程,完成项目建设。如图4-19所示,如已竞标到城建项目,则需支付城市基础设施与配套工程技术设计费、建安费。同时,根据获得的土地情况和订单竞标结果,决定好土地投入分配及建设项目内容。登记投入修建商品房的土地数量亩数;修建商品房的土地价值筹码随土地一起移动,系统自动登记金额;登记投入修建别墅的土地数量亩数;修建别墅的土地价值筹码随土地一起移动,系统自动登记金额;支付商品房和别墅的建安费,交还土地与土地价值筹码,领取建安费和商品房别墅筹码。根据实际经营操作进行登账摆盘。工程实施填写表如图4-25所示。

序号		经营步骤	责任人	填写单据	第一年
12	2 工程实施	城市基础设施与配套工程投入技术设计费	运营经理	无	0
13		支付城建工程的建安费			0
14		投入土地修建商品房,投入的土地数量为(亩)			16
15		修建商品房的土地价值筹码随土地一起移动,金额为			14400
16		投入土地修建别墅,投入的土地数量为(亩)			4
17		修建别墅的土地价值筹码随土地一起移动,金额为			3600
19		支付商品房的建安费,并用土地与土地价值筹码+建安费换取商品房筹码			4700
20		支付别墅的建安费,并用土地与土地价值筹码+建安费换取别墅筹码			400

图4-25 工程实施

(四)交货

按实际实施工程的情况,填入实际交货的商品房数量(套)、实际交货的别墅数量(套)、实际交货的限价房数量(套)。交货填写表如图4-26所示。

序号		经营步骤	责任人	填写单据	第一年
26	3 交货	实际交货的商品房数量(套)			160
27		实际交货的别墅数量(套)			8
28		实际交货的限价房数量(套)			0

图4-26 交货

(五)收取货款

根据交房情况,登记首付款收入(来源于教师端交货数据录入的现金收入)和办理消费贷款,实现销售收入。首付款收入直接到央行组领取现金;消费贷按规模大小排序和模拟商行洽谈(有事前书面协议绑定的优先);政府收购的限价房收入记两年期应收款;如有办理消费贷款,支付消费贷款额度占用费,获得现金,领取筹码并登账摆盘;无法拿到消费贷款,记6年应收款。另外本环节还需要支付景观费和规划设计费。如有承做城建工程,收到城市基础设施与配套工程换取的土地亩数,按900万元/亩的价格由系统自动登记土地价值。以上各项均需根据实际经营操作领取相应筹码并进行摆盘登账。收取货款填写表如图4-27所示。

第四章 房地产企业业务模拟实训——资金需求方操作 | 127

序号	经营步骤		责任人	填写单据	第一年
				销售竞标与施工交付	
	填写说明：请在每一年的发生金额一栏中填写数字后将自动生成报表，未发生就填0。数字前面不能用"+"或"-"号，如发生金额为1000万，只需填写1000。请勿更改此表名称结构和任何步骤，现金余额一栏将自动计算。				
38	4 收取货款	所有交货获得的首付款（来源于教师端交货数据录入的现金收入）	市场经理	填写订单竞标单，消费贷款协议	12300
39		政府收购的限价房收入记2年期应收款			0
40		办理消费贷款，获得现金（不得大于本年应办理的消费贷款）			28600
41		支付消费贷款的额度占用费			600
42		无法拿到消费贷款，记6年期应收款，金额为			0
43		支付规划设计费与景观费			9100
44		收到城市基础设施与配套工程换取的土地亩数			0
45		换取土地的价值筹码一起放在盘面上，金额为（万）			0

图 4-27 收取货款

（六）团队管理业务

房地产公司销售收入每 5 亿元（不含限价房销售收入）需要 1 个运营团队，每个运营团队招募费用为 100 万元，年工资奖金为 1000 万元（从招聘当年开始发工资奖金），所有业务需提前一年配备好团队。团队辞退当年仍需支付工资奖金。

如图 4-28 所示，填入本期招募运营团队个数，每期末至少应有 1 个团队；本期辞退运营团队个数；支付团队招募费；支付团队工资奖金（含已辞团队）。领换筹码并登账摆盘。

序号	经营步骤		责任人	填写单据	第一年
				销售竞标与施工交付	
	填写说明：请在每一年的发生金额一栏中填写数字后将自动生成报表，未发生就填0。数字前面不能用"+"或"-"号，如发生金额为1000万，只需填写1000。请勿更改此表名称结构和任何步骤，现金余额一栏将自动计算。				
47	5 团队管理业务	本期辞退运营团队（个）	运营经理	无	0
48		本期末运营团队（个）			2
49		招募/辞退运营团队，支付团队招募费			0
50		支付团队工资奖金（含已辞团队）			2000

图 4-28 团队管理业务

（七）盘点现金

本模块业务结束，进行现金盘点，核实盘面和账面是否一致，做到"账实相符"。无误则进入下一环节。现金盘点填写表如图 4-29 所示。

序号	经营步骤	责任人	填写单据	第一年
			销售竞标与施工交付	
	填写说明：请在每一年的发生金额一栏中填写数字后将自动生成报表，未发生就填0。数字前面不能用"+"或"-"号，如发生金额为1000万，只需填写1000。请勿更改此表名称结构和任何步骤，现金余额一栏将自动计算。			
51	现金盘点			35300

图 4-29 现金盘点

五、投融资业务模块

(一)银行存款

投资业务经营步骤如图 4-30 所示,房地产企业账上原有银行存款往前移一格,到期收回/提前收回本金(一般在现金管理模块已经提前收回);根据自身的情况,决定提前还贷、保留现金还是进行银行存款。如果办理对公存款,填写对公存款竞标表(见表 4-10);明确存款金额,一般以存款金额大小排序跟模拟商行洽谈,登记办理银行存款金额;收到所有银行存款余额利息。领取筹码并登账摆盘。

表 4-10 房地产公司对公存款竞标　　　　　　　　　单位:万元

竞争规则:存款规模最大的企业可以优先选择存款利率最高的银行,银行不得拒绝						
	第一年	第二年	第三年	第四年	第五年	第六年
存款规模(至少一年期,金额至少5000万元)						

序号	经营步骤		责任人	填写单据	第一年
1	银行存款	银行存款往前移一格,到期收回/提前收回本金	理财经理	填写对公存款竞标表	0
		办理银行存款			30000
		收到所有银行存款余额利息			600

图 4-30 银行存款

(二)国债业务

如图 4-31 所示,如有存量国债,往前移一格,到期兑付/提前兑付金额。如要购买国债投资,则填写国债购买竞标表(见表 4-11),明确购买金额和愿意支付的溢价。(实训中一般因为期限较长,房地产企业不购买国债。)如中标,按国债原值支付国债投资款;支付国债购买溢价;按照本年度国债余额收到国债净利息(扣减提前兑换的手续费)。交付现金,领取筹码并登账摆盘。

表 4-11 房地产公司国债购买　　　　　　　　　　　　　　　单位：万元

购买规则：按溢价率高者优先挑选，再按购买规模最大者依次优先挑选

	第一年	第二年	第三年	第四年	第五年	第六年
购买规模（如提前兑付，每年手续费1%）						
愿意支付的购买溢价						

	A	B	C	D	E	F
1				投资业务		
2	填写说明：请在每一年的发生金额一栏中填写数字后将自动生成报表，未发生就填0。数字前面不能字单位是万，如发生金额为1000万，只需填写1000。请勿更改此表名称结构和任何步骤，现金余额-					
3	序号		经营步骤	责任人	填写单据	
4						第一年
16	2	国债业务	国债往前移一格，到期兑付/提前兑付金额	理财经理	国债购买竞标表	0
18			填写国债购买竞标表，按国债原值支付国债投资款			0
19			支付国债购买溢价			0
22			按照本年度国债余额收到国债净利息（扣减提前兑换的手续费）			0

图 4-31　国债业务

（三）提前偿还贷款

提前偿还未到期贷款，对模拟房企来说可以降低资产负债率，提高信贷评分。模拟房企根据自身需求进行决策。如有办理，取走相应记账筹码，支付提前偿还的违约金，领取筹码并摆盘登账。提前偿还贷款填写表如图4-32所示。

	A	B	C	D	E	F
1				投资业务		
2	填写说明：请在每一年的发生金额一栏中填写数字后将自动生成报表，未发生就填0。数字前面不能字单位是万，如发生金额为1000万，只需填写1000。请勿更改此表名称结构和任何步骤，现金余额-					
3	序号		经营步骤	责任人	填写单据	
4						第一年
27	3	提前偿还贷款	提前偿还未到期贷款，取走相应记账筹码	财务经理	无	0
28			支付提前偿还的违约金			0

图 4-32　提前偿还贷款

（四）盘点现金

本模块业务结束，进行现金盘点，核实盘面和账面是否一致，做到"账实相符"。无误则进入下一环节。现金盘点填写表如图4-33所示。

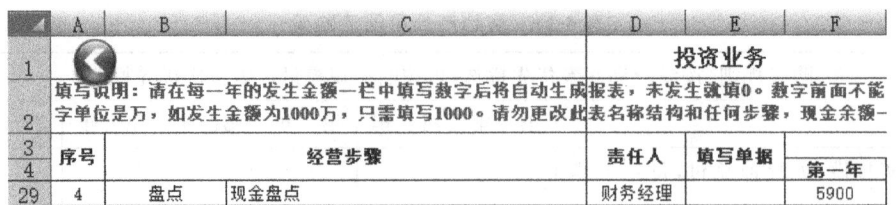

图 4-33　现金盘点

六、外部经营业务模块

（一）交费或奖励

本模块记录交费和奖惩情况。模拟房企每年管理费为 2500 万元，支付罚款等其他费用（如有），按商品房和限价房交付数量排名获得政府奖励或其他奖励（如有），领取筹码并摆盘登账。交费和奖惩填写表如图 4-34 所示。

图 4-34　交费和奖惩

（二）交税

如图 4-35 所示，模拟房企应交增值税（请见利润查询模块）和所得税（请见利润查询模块）。

图 4-35　交税

(三)盘点土地和货物

本环节为年度内所有模拟业务结束后,模拟房企对期末土地和房产进行清点。如图4-36所示,登记期末剩余土地亩数,由系统自动登记。年末盘点内容包括期末剩余土地亩数、期末剩余土地价值、期末库存商品房套数、期末库存商品房占用的土地亩数、期末库存商品房的土地价值、期末库存商品房的建安成本、期末库存别墅套数、期末库存别墅占用的土地亩数、期末库存别墅的土地价值、期末库存别墅的建安成本等。

	A	B	C	D	E	F
1				外部经营业务		
2	填写说明:请在每一年的发生金额一栏中填写数字后将自动生成报表,未发生就填0。数字前意,数字单位是万,如发生金额为1000万,只需填写1000。请勿更改此表名称结构和任何步骤					
3	序号		经营步骤	责任人	填写单据	
4						第一年
13	年末	盘点土地	期末剩余土地亩数(亩)	全体成员	无	0
14			期末剩余土地价值(万)			0
15		盘点库存商品房	期末库存商品房(套)			0
16			期末库存商品房占用的土地数量(亩)			0
17			期末库存商品房的土地价值(万)			0
18			期末库存商品房的建安成本(万)			0
19		盘点库存别墅	期末库存别墅(套)			0
20			期末库存别墅占用的土地数量(亩)			0
21			期末库存别墅的土地价值(万)			0
22			期末库存别墅的建安成本(万)			0

图4-36 年末盘点

(四)盘点现金

经营年度内全部业务终了,进行现金盘点,核实盘面和账面是否一致,做到"账实相符"。年末现金盘点如图4-37所示。

	A	B	C	D	E	F
1				外部经营业务		
2	填写说明:请在每一年的发生金额一栏中填写数字后将自动生成报表,未发生就填0。数字前意,数字单位是万,如发生金额为1000万,只需填写1000。请勿更改此表名称结构和任何步骤					
3	序号		经营步骤	责任人	填写单据	
4						第一年
23		盘点现金	期末现金余额(万)			2400

图4-37 年末现金盘点

七、年度经营反思

经营年度内所有业务结束,查看房地产企业损益表和资产负债表,如图4-38、图4-39所示。结合表格所反映的内容,各模拟房企小组间进行讨论,对本年度的经营情况进行反思。内容应包括:本年度经营结果描述;年初的资金规划执行情况分析;对影响经营结果的因素进行分析,如可计算历年报价的息税前利润率即贷款谈判的利率;可检讨产品决策,如历年报价可承受的土地价格上限(考虑固定费用分摊)、广告费的投资回报率(需要在教师端输入不同广告费得出不同的订单数)、景观费的投资回报率;政策变更对经营结果的影响情况;下阶段的优化措施;等等。

	A	B	C	D	E	F	G
1				损益表		单位:万元	
2	项目	第一年	第二年	第三年	第四年	第五年	第六年
3	一、不含税主营业务收入(商品房、别墅、限价房和城建工程)	38600	0	0	0	0	0
4	不含税主营业务收入(转让土地)	0	0	0	0	0	0
5	减:所售商品房、别墅、限价房土地费	18000	0	0	0	0	0
6	各类工程建安费(不含税)	4600	0	0	0	0	0
7	转出土地的成本	0	0	0	0	0	0
8	城建工程技术设计费用(不含税)	0	0	0	0	0	0
9	景观费与规划设计费用(不含税)	8200	0	0	0	0	0
10	二、毛利	7800	0	0	0	0	0
11	减:管理费用	4500	2000	2000	2000	2000	2000
12	营销费用(不含税)	900	0	0	0	0	0
13	财务费用	1800	0	0	0	0	0
14	三、营业利润	600	-2000	-2000	-2000	-2000	-2000
16	加:投资理财收益	0	0	0	0	0	0
17	加:营业外净收益	0	0	0	0	0	0
18	四、利润总额	600	-2000	-2000	-2000	-2000	-2000
19	减:所得税	200	0	0	0	0	0
20	五、净利润	400	-2000	-2000	-2000	-2000	-2000
21	政府公布的增值税率	11%	11%	11%	11%	11%	11%
22	含税主营业务收入(商品房、别墅、限价房和城建工程)	40900	0	0	0	0	0
23	含税主营业务收入(转让土地)	0	0	0	0	0	0
24	应交增值税	800	0	0	0	0	0
25	进项税	1500	0	0	0	0	0
26	主营业务收入(商品房、别墅、限价房和城建工程)的销项税	2300	0	0	0	0	0
27	主营业务收入(转让土地的销项税)	0	0	0	0	0	0

图4-38 房地产企业损益表

	A	B	C	D	E	F	G	H
1			资产负债表		单位:万元			
2	项目	年初数	第一年	第二年	第三年	第四年	第五年	第六年
3	资产：							
4	现金	4000	2400	请付管理费	请付管理费	请付管理费	请付管理费	请付管理费
5	银行存款	0	30000	0	0	0	0	0
6	应收款	0	0	0	0	0	0	0
7	股权投资	0	0	0	0	0	0	0
8	产成品	0	0	0	0	0	0	0
9	国债	0	0	0	0	0	0	0
12	委托贷款-借	0	0	0	0	0	0	0
13	土地净值	18000	0	0	0	0	0	0
14	资产总计	22000	32400	0	0	0	0	0
15								
16	负债：							
17	高利贷	0	0	0	0	0	0	0
18	应付款	0	0	0	0	0	0	0
20	银行贷款	7000	17000	0	0	0	0	0
22	委托贷款-贷	0	0	0	0	0	0	0
23	负债合计	7000	17000	0	0	0	0	0
24	股东资本	15000	15000	15000	15000	15000	15000	15000
25	未分配利润	0	0	400	−1600	−3600	−5600	−7600
26	当年净利润	0	400	−2000	−2000	−2000	−2000	−2000
27	所有者权益合计	15000	15400	13400	11400	9400	7400	5400
28	负债及权益总计	22000	32400	13400	11400	9400	7400	5400

图 4-39 房地产企业资产负债表

附录：房地产企业竞标单和相关协议

一、协议书

土地转让协议

售出方：_____公司； 买入方：_____公司；

土地交易数量：_____亩。

总价：人民币_____（大写）万元整。

其中现金支付：人民币_____万元整，赊账_____万元整，第_____年支付。

赊账不付的违约责任：

二、各类竞标单

第_____年_____房地产公司对公贷款竞标

贷款规模	万元

第_____年_____房地产公司委托贷款竞标

需要贷款的规模	万元
愿意贷出金额	万元
最高年利率	%

第_____年_____房地产公司土地转让竞标

最大出让土地	亩
最高出让单价	万元/亩

第_____年_____房地产公司股票发行与购买

股票发行规模	万元
占股权比例	%
购买规模	万元
溢价	万元

第_____年_____房地产公司商品房和别墅订单竞标

商品房价格（150万元～200万元，以10万元为一报价单位）	万元
别墅价格（700万元～1000万元，以50万元为一报价单位）	万元
广告费（100万元～上年销售额的20%）	万元
商品房每亩景观投入（100万元～400万元，每增加50万元，将获得3%的销售溢价和3%的销量增长）	万元
别墅每亩景观投入（规则同上）	万元

第_____年_____房地产公司交货数据

商品房数量	套
别墅价格数量	套
政府限价房数量	套

- 订单过多无法交付时，房地产公司将按未交付订单额的10%罚款，当年未交付的订单将全部作废。

第_____年_____房地产公司对公存款竞标

存款规模	万元

- 均为协议存款，至少一年期，金额至少5000万元。银行报出存款利率后（若银行未报存款利率，默认以基准利率存款），不得拒绝企业存款。

第_____年_____房地产公司国债竞标

期望购买规模	万元
愿意支付溢价	万元

- 溢价率高者优先购买国债，国债按5000万元整数倍购买。企业和银行都可购买国债，转让国债利率双方协商。国债每提前一年兑付，按1%支付手续费，单张凭证式国债不能拆分兑付。

◆附件◆

一、数据建模分析工具《商业银行沙盘数据建模》使用说明

数据建模分析工具《商业银行沙盘数据建模》是《商业银行模拟经营实训教程》推演中的一个辅助工具,是针对模拟商业银行和房地产企业的经营流程中的部分环节提供数据建模进行数据测试,以便学生利用现有的数据得出有建设性的结论并辅助决策的制定,达到提高决策效率的目的。建模主界面如图1所示。

沙盘数据建模为模拟商行组提供了流动性测算、银行最低贷款量测算、银行能承受的贷款最低利率测算,为房地产企业组提供了企业贷款额测算、企业土地价格测算、企业能承受的贷款最高利率测算、房地产报价广告费与景观投入测算。

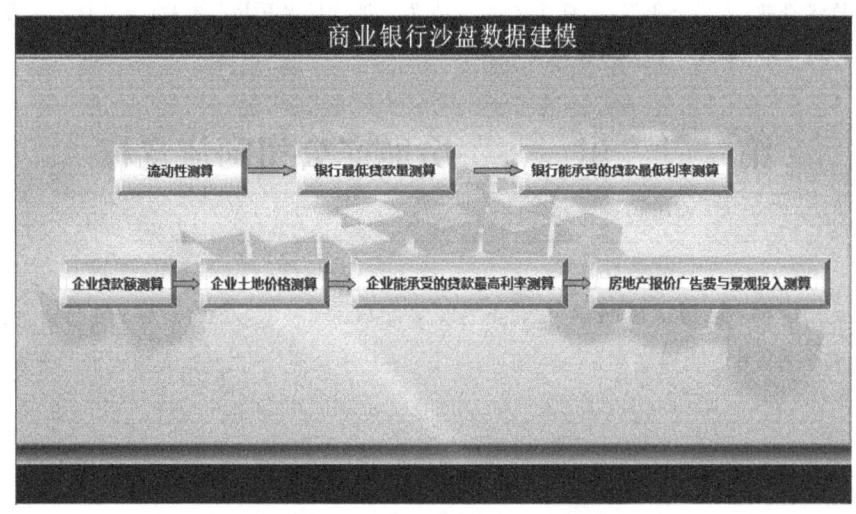

图1 商业银行沙盘数据建模主界面

一、商业银行数据分析

(一)流动性测算

$$流动性测算 = \frac{预计本年末剩余资金}{预计房企交货总额} = \frac{(资金供给-资金支付需求)}{预计房企交货总额}$$

其中,预计房企交货总额按本年所供土地全部修建商品房并以180万元/套销售,景观投入250万元/亩即按9%的景观溢价计算。

预计本年末剩余资金测算包括资金支付需求和资金供给两个部分(见图2,仅浅绿色背景的单元格可调整数据进行测算)。

其中与资金支付需求呈现正相关的变量有:本年各银行到期企业存款之和、本年新增个人存款。(假定本年所有供给土地的商品房均能销售完,价格按资金供给所填售价,景观投入250万元/亩即按溢价9%计算。)

序号	资金支付需求		资金供给	
			流动性测算	
1	本年供给土地总亩数(亩)	120	本年商品房售价(万/套)	190
2	修建商品房每亩地开发投资(亿)	0.11	上期末各银行和企业现金余额(亿)	13.52
3	开发贷款需求(亿)	13.2	本年新增个人存款(亿)	34.1
4	本年各银行到期个人存款之和	12	本年度公布的首付比例(%)	30%
5	本年各银行到期的企业存款之和	12	房地产企业销售首付款(亿)	7.4556
6	国债发行量(亿)	0	本年各银行到期央票(亿)	8
7	央票发行量(亿)	0	本年各银行到期国债(亿)	0
8	本年新增外部票据(亿)	0	本年各银行到期外部票据(亿)	0
9	本年新增个人存款(亿)	34.1	本年央行再贷款(亿)	0
10	本年预计新增企业存款(亿)	0	各银行存款总量减少,央行退回多缴的存款准备金(亿)	0
11	本年存款准备金率(%)	15.00%	本年末各银行和企业未到期国债(含本年新增,亿)	8
12	新增存款准备金(亿)	1.515	未到期国债平均利率(估算,%)	7.00%
13	上年末各银行存款余额之和(亿)	40	本年预计各银行和企业国债收到利(亿)	0.56
14	本年存款基准利率(%)	2.0%	本年各银行未到期外部票据(含本年新增,亿)	0
15	个人存款利息(亿)	2.004	未到期外部票据平均利率(估算,%)	9.00%
16	景观费与规划设计费(亿)	5.4852	本年预计各银行的外部票据收到利息(亿)	0
17	所有银行预计本年末网点个数	8	本年各银行新增消费贷款(亿)	17.3964
18	所有银行预计本年末存款与贷款团队个数	16	上年末各银行消费贷款余额(亿)	10
19	所有企业预计本年末团队个数	8	本年到期消费贷款(亿)	2
20	所有银行与企业的团队工资与网点费用	1.44	本年贷款基准利率(%)	8.00%
21	各银行个人存款营销费+各企业广告费(亿)	0.44	本年预计各银行消费贷款收到利息(亿)	2.031712
22	管理费(亿)	1.4	房地产企业预计获得的销售奖励(亿)	0
23	房地产企业增值税率(%)	11%		
24	房地产企业增值税	0.586219		
25	合计(亿)	38.07	合计(亿)	67.66731
	预计本年末剩余资金(亿)	29.60	流动性	1.190926

图2 流动性测算界面

与资金支付需求呈现负相关的变量有：本年供给土地总亩数（土地价格按 800 万元/亩，商品房建安费按 300 万元/亩计算），本年各银行到期个人存款之和，国债发行量，央票发行量，本年新增外部票据，本年预计新增企业存款，本年存款准备金率（考虑到利率上浮，所有存款利息按基准存款利率＋2％计算），上年末各银行存款余额之和，本年存款基准利率，所有银行预计本年末网点个数，所有银行预计本年末存款与贷款团队个数（1 个营业网点容纳 1 个贷款团队、1 个存款团队。其中，1 个存款团队支持 6 个亿元的存款吸纳，1 个贷款团队支持 4 个亿元的贷款发放，所有业务需提前一年配备好团队），所有企业预计本年末团队个数（房地产公司销售收入每 5 亿元需要 1 个运营团队，不含限价房销售收入，所有业务需提前一年配备好团队），各银行个人存款营销费，各企业广告费，管理费，房地产企业增值税率（景观费、建安费和规划设计费按 11％扣减进项税，广告费按 6％扣减进项税，土地成本不计增值税）。

与资金供给相关的各变量均呈现为正相关，如本年商品房售价（150 万元/亩～200 万元/亩），上期末各银行和企业现金余额，本年度公布的首付比例、本年各银行到期央票，本年各银行和企业到期国债，本年各银行到期外部票据，本年央行再贷款，本年央行再贷款、因各银行存款总量减少央行退回多缴的存款准备金，本年末各银行和企业未到期国债（含本年新增），未到期国债平均利率（估算），本年末各银行未到期外部票据（含本年新增），未到期外部票据平均利率（估算），上年末各银行消费贷款余额，本年到期消费贷款，本年贷款基准利率，房地产企业预计获得的销售奖励。此外，经营费用在计算时应注意每个存款或贷款团队招募费用为 100 万元，年工资奖金为 300 万元（从招聘当年开始发工资奖金），所有业务需提前一年配备好存款和贷款团队，否则只能按现有团队的最大业务量办理业务。团队辞退当年仍需支付工资奖金。每个网点能够容纳 1 个存款团队和 1 个贷款团队。每个网点新建费用为 100 万元，每年运营费为 200 万元（从建设当年开始支付运营费）。网点撤销当年仍需支付运营费。招募团队前必须先建网点，但建好网点后可以不招募团队。

(二)银行最低贷款量测算

商业银行现有规模最低贷款量	
贷款团队+存款团队数量（个）	4
网点数量（个）	2
行政管理费（万）	1000
预计竞争个人存款营销费（万）	100
经营费用（万）	2700
本年个人存款所有利息支出（万）	2700
本年企业存款所有利息支出（万）	
同业借入与央行再贷款所有利息支出（万）	0
利息总支出（万）	2700
国债、央票、外部票据等利息收益（万）	1800
考虑中间业务费的贷款实际利率（估算，%）	12%
最低贷款量（万）	30000

图3 商业银行现有规模最低贷款量界面

最低贷款量的测算取决于模拟商行的各类经营费用、收益及贷款实际利率（见图3，仅浅绿色背景的单元格可调整数据进行测算）。

其中与最低贷款量呈现正相关的变量有：贷款团队，存款团队数量，网点数量（1个营业网点容纳1个贷款团队、1个存款团队，其中，1个存款团队支持6个亿元的存款吸纳，一个贷款团队支持4个亿元的贷款发放，所有业务需提前一年配备好团队），预计竞争个人存款营销费，本年个人存款所有利息支出，本年企业存款所有利息支出，同业借入与央行再贷款所有利息支出。

其中与最低贷款量呈现负相关的变量有：国债、央票、外部票据等利息收益，考虑中间业务费的贷款实际利率（估算）。此外，经营费用在计算时应注意每个存款或贷款团队招募费用为100万元，年工资奖金为300万元（从招聘当年开始发工资奖金），所有业务需提前一年配备好存款和贷款团队，否则只能按现有团队的最大业务量办理业务。团队辞退当年仍需支付工资奖金。每个网点能够容纳1个存款团队和1个贷款团队。每个网点新建费用为100万元，每年运营费为200万元（从建设当年开始支付运营费）。网点撤销当年仍需支付运营费。招募团队前必须先建网点，但建好网点后可以不招募团队。

(三)银行能承受的贷款最低利率测算

商业银行可用资金成本率预测	
贷款团队+存款团队数量（个）	4
网点数量（个）	2
行政管理费（万）	1000
预计竞争个人存款营销费（万）	100
经营费用（万）	2700
本年个人存款所有利息支出（万）	2700
本年企业存款所有利息支出（万）	
同业借入与央行再贷款所有利息支出（万）	0
利息总支出（万）	2700
个人存款与企业存款余额（万）	70000
同业借入与央行再贷款余额（万）	0
所有者权益（万）	31500
法定准备金与超额准备金比例合计（估算，%）	25%
可贷资金总量（万）	84000
最低可用资金成本率（%）	6.43%

图4 商业银行可用资金成本率测算界面

可用资金成本率取决于经营费用、利息支出及可贷资金总量（如图4所示，仅浅绿色背景的单元格可调整数据进行测算）。

其中与最低可用资金成本率呈现正相关的变量有：贷款团队，存款团队数量，网点数量（1个营业网点容纳1个贷款团队、1个存款团队，其中，1个存款团队支持6个亿元的存款吸纳，1个贷款团队支持4个亿元的贷款发放，所有业务需提前一年配备好团队），预计竞争个人存款营销费，本年个人存款所有利息支出，本年企业存款所有利息支出，同业借入与央行再贷款所有利息支出，法定准备金与超额准备金比例合计（估算）。

与最低可用资金成本率呈现负相关的变量有：个人存款与企业存款余额、同业借入与央行再贷款余额、所有者权益。此外，经营费用在计算时应注意每个存款或贷款团队招募费用为100万元，年工资奖金为300万元（从招聘当年开始发工资奖金），所有业务需提前一年配备好存款和贷款团队，否则只能按现有团队的最大业务量办理业务。团队辞退当年仍需支付工资奖金。每个网点能够容纳1个存款团队和1个贷款团队。每个网点新建费用为100万元，每年运营费为 200 万元（从建设当年开始支付运营费）。网点撤销当年仍需支付运营费。招募团队前必须先建网点，但建好网点后可以不招募团队。

二、房地产企业数据分析

（一）企业贷款额测算

房地产公司资金规划表　　　　　　　　　　　　　　单位：万元

	项目	第一年	第二年	第三年	第四年	第五年	第六年
1	上年现金余额	5000					
2	各资产项到期本金与利息收入	2000					
3	预计竞标土地数（亩）	20					
4	预计竞标单价（万/亩）	1000					
5	竞标土地支出	20000	0	0	0	0	0
6	归还到期负债	10000					
7	支付利息和中间业务费用	2000					
8	竞标订单广告支出	2000					
10	预计修建商品房土地数（亩）	16					
11	预计修建别墅土地数（亩）	4					
12	建安支出	5200	0	0	0	0	0
9	景观费与规划设计费支出	5760					
13	国债投资	0					
13	放出委托贷款	10000					
15	运营团队支出	2000					
16	增值税支出	0					
17	支付管理费2500万	2500	2500	2500	2500	2500	2500
14	其他支出	0					
15	预计贷款金额	42200	0	0	0	0	0

红字项目表示该项支出是在收取货款之后

图 5　房地产企业资金规划

预计贷款金额取决于房地产企业的各类收入及支出。（如图 5 所示，仅浅绿色背景的单元格可调整数据进行测算，红字部分的金额是收到货款后再支付，不需要贷款。）

其中与预计贷款金额呈现正相关的变量有：预计竞标土地数、预计竞标单价（800 万元/亩～1200 万元/亩）、归还到期负债、支付利息和中间业务费用（含额度占用费和财务评审费）、竞标订单广告支出、预计修建商品房土地数、预计修建别墅土地数、放出委托贷款。

与预计贷款金额呈现负相关的变量有：上年现金余额、各资产项到期本金与利息收入。

(二)企业土地价格测算

土地竞价测算（商品房）		土地竞价测算（别墅）	
每套商品房售价（万/套）	190	每套别墅售价（万/套）	900
规划设计费（万/套）	19	规划设计费（万/套）	90
建安成本（万/亩）	300	建安成本（万/亩）	100
景观（万/亩）	100	景观（万/亩）	100
景观带来的溢价率（%）	0%	景观带来的溢价率（%）	0%
增值税率（%）	11%	增值税率（%）	11%
增值税销项（万）	6.68	增值税销项（万）	22.80
增值税进项（万）	5.85	增值税进项（万）	18.83
增值税（万/套）	0.84	增值税（万/套）	3.97
期望毛利率（%）	5%	期望毛利率（%）	5%
最高土地成本（万/亩）	1225.45	最高土地成本（万/亩）	1339.9
预计本年销售商品房（套）	200	预计本年销售别墅（套）	40
本年团队个数	2	本年团队个数	2
管理费（万）	2500	管理费（万）	2500
预计利息和中间业务费（万）	1800	预计利息和中间业务费（万）	1800
预计营销费（万）	1000	预计营销费（万）	1000
以上固定费用合计（万）	7300	以上固定费用合计（万）	7300
以上固定费用分摊比例（%）	100%	以上固定费用分摊比例（%）	100%
摊销固定费用后的最高土地成本（万/亩）	1189	摊销固定费用后的最高土地成本（万/亩）	1157

图 6 企业土地竞价测算

土地价格取决于每套商品房和别墅的售价、预计销售规模及各类费用（如图 6 所示，仅浅绿色背景的单元格可调整数据进行测算）。

其中与土地竞价呈现正相关的变量有：每套商品房售价（150 万元/套～200 万元/套），每套别墅售价（700 万元/套～1000 万元/套），景观（100 万元/亩～400 万元/亩，每增加投入 50 万元，将在不增加其他成本的情况下，获得 3％的销售溢价和 3％的销量增长），预计本年销售商品房，预计本年销售别墅。

与土地竞价呈现负相关的变量有：增值税率，期望毛利率（涵盖营销费、管理费、团队工资、利息等期间费用），预计本年销售商品房量，本年团队个数（房地产公司销售收入每 5 亿元需要 1 个运营团队，不含限价房销售收入，每个运营团队招募费用为 100 万元，从招聘当年开始年工资奖金为 1000 万元，所有业务需提前一年配备好团队，否则系统只能按现有团队的最大业务量优先减少商品房订单，再减少别墅订单。此外，团队辞退当年仍需支付工资奖金），预计利息和中间业务费，预计营销费（至少 100 万元），以上固定费用分摊比例。

(三)企业能承受的贷款最高利率测算

房企贷款最高利率（全部修建商品房）		房企贷款最高利率（全部修建别墅）	
预计投入土地亩数（亩）	20	预计投入土地亩数（亩）	20
预计土地成本（万/亩）	900	预计土地成本（万/亩）	900
以上土地所修建商品房全部卖出的报价（万/套）	190	以上土地所修建别墅全部卖出的报价（万/套）	900
预计收入（万）	40280	预计收入（万）	38160
建安成本+规划设计费（万）	10028	建安成本+规划设计费（万）	5816
预计景观（万/亩）	200	预计景观（万/亩）	200
景观带来的溢价率（%）	6%	景观带来的溢价率（%）	6%
增值税率（%）	11%	增值税率（%）	11%
增值税销项（万）	2207.93	增值税销项（万）	1997.84
增值税进项（万）	1446.77	增值税进项（万）	1029.36
增值税（万）	761.16	增值税（万）	968.48
管理费用（万）	2500	管理费用（万）	2500
预计团队个数（个）	2	预计团队个数（个）	2
团队费用（万）	2000	团队费用（万）	2000
预计广告支出（万）	1000	预计广告支出（万）	1000
最高利息支出（万）	1990.84	最高利息支出（万）	3875.52
预计贷款量（万）	10000	预计贷款量（万）	10000
最高可承受的利率（%）	19.91%	最高可承受的利率（%）	38.76%

图 7　房企贷款最高利率

房企贷款最高利率取决于商品房、别墅的预计收入、各类费用及预计贷款量（如图7所示，仅浅绿色背景的单元格可调整数据进行测算，商品房以300万元/亩计算建安成本和规划设计费，别墅以100万元/亩计算建安成本和规划设计费），不断增加土地规模，企业能承受的利率越高，规模效应就越明显。

其中与房企贷款最高利率呈现正相关的变量有：预计投入土地亩数、以上土地所修建商品房全部卖出的报价（150万元/套～200万元/套）、以上土地所修建别墅全部卖出的报价（700万元/套～1000万元/套）、预计景观（100万元/亩～400万元/亩）。

与房企贷款最高利率呈现负相关的变量有：预计土地成本（800万元/亩～1200万元/亩），增值税率，预计团队个数（房地产公司销售收入每5亿元需要1个运营团队，不含限价房销售收入，每个运营团队招募费用为100万元，从招聘当年开始年工资奖金为1000万元，所有业务需提前一年配备好团队，否则系统只能按现有团队的最大业务量优先减少商品房订单，再减少别墅订单。此外，团队辞退当年仍需支付工资奖金），预计广告支出，预计贷款量。

(四)房地产报价广告费与景观投入测算

利润总额测算（商品房）		利润总额测算（别墅）	
每套商品房售价（万/套）	190	每套别墅售价（万/套）	900
规划设计费（万/套）	19	规划设计费（万/套）	90
建安成本（万/亩）	300	建安成本（万/亩）	100
景观（万/亩）	100	景观（万/亩）	100
景观带来的溢价率（%）	0%	景观带来的溢价率（%）	0%
增值税率（%）	11%	增值税率（%）	11%
增值税销项（万）	10.90	增值税销项（万）	49.55
增值税进项（万）	5.85	增值税进项（万）	18.83
增值税（万/套）	5.05	增值税（万/套）	30.72
土地成本（万/亩）	800	土地成本（万/亩）	800
预计本年销售商品房（套）	200	预计本年销售别墅（套）	30
本年团队个数	2	本年团队个数	2
管理费（万）	2500	管理费（万）	2500
预计利息和中间业务费（万）	1800	预计利息和中间业务费（万）	1800
预计营销费（万）	1000	预计营销费（万）	1000
以上固定费用合计（万）	7300	以上固定费用合计（万）	7300
以上固定费用分摊比例（%）	100%	以上固定费用分摊比例（%）	0%
预计利润总额（万）	1889	预计利润总额（万）	8378

图 8　利润总额测算

利润总额取决于商品房、别墅的销售收入及各类费用（广告费、景观投入等，如图 8 所示，仅绿色背景的单元格可调整数据进行测算）。

其中与利润总额呈现正相关的变量有：每套商品房售价（150 万元/套～200 万元/套）、每套别墅售价（700 万元/套～1000 万元/套）、景观（100 万元/亩～400 万元/亩）、预计本年销售商品房量、预计本年销售别墅量。

与利润总额呈现负相关的变量有：增值税率，土地成本（800 万元/亩～1200 万元/亩），本年团队个数（房地产公司销售收入每 5 亿元需要 1 个运营团队，不含限价房销售收入，每个运营团队招募费用为 100 万元，从招聘当年开始年工资奖金为 1000 万元，所有业务需提前一年配备好团队，否则系统只能按现有团队的最大业务量优先减少商品房订单，再减少别墅订单。此外，团队辞退当年仍需支付工资奖金），预计利息和中间业务费，预计营销费（至少 100 万元），以上固定费用分摊比例。

附件

二、××银行企业信用评级指标体系

××银行评价的对象是指已经或可能为之提供信贷服务的非金融类企业法人,通过评估,就客户的偿债能力做出全面判断,以评定信用等级。

企业信用等级分为7级,各级意义如下:

AAA级:企业生产经营达到一定经济规模,市场竞争力很强,有很好的发展前景,流动性很好,管理水平很高,具有很强的偿债能力,对建设银行的业务发展很有价值。

AA级:企业市场竞争力很强,有很好的发展前景,流动性很好,管理水平高,具有强的偿债能力,对建设银行的业务发展有价值。

A级:企业市场竞争力强。有较好的发展前景,流动性好,管理水平较高,具有较强的偿债能力,对建设银行的业务发展有一定价值。

BBB级:企业市场竞争力一般,发展前景一般,流动性一般,管理水平一般,企业存在需要关注的问题,偿债能力一般,具有一定风险。

BB级:企业市场竞争力、流动性和管理水平较差,发展前景较差,偿债能力较弱,风险较大。

B级:企业市场竞争力、流动性和管理水平很差,不具有发展前景,偿债能力很弱,风险很大。

F级:不符合国家环境保护政策、产业政策和银行信贷政策的企业或贷款分类结果属于可疑或损失类的企业。

企业信用等级根据企业评估指标得分评定,F级企业不评分,根据评估条件直接评定。企业信用等级评定依据如表1所示。

表 1 企业信用等级评定

信用等级	总得分 S	市场竞争力得分 C	流动性得分 L	管理水平得分 M	其他 P	说明
AAA	70≤S	15≤C	15≤L	15≤M	不限定	单项分不满足条件的下调一级
AA	60≤S<70	12≤C	12≤L	12≤M	不限定	
A	50≤S<60	9≤C	9≤L	9≤M	不限定	
BBB	45≤S<50	不限定	不限定	不限定	不限定	
BB	40≤S<45	不限定	不限定	不限定	不限定	
B	S<40	不限定	不限定	不限定	不限定	
F	不符合国家环境保护政策、产业政策和银行信贷政策的客户或贷款分类结果为可疑或损失类的客户					

企业信用等级有效期为一年,从审批认定之日起计算。在有效期内,企业经营状况发生重大变化,例如重大建设项目、重大体制改造、重大法律诉讼和对外担保、重大人事调整、重大事故及赔偿等对企业履约能力有一定影响的,将重新评级。

评价坚持客观公正、实事求是的原则,采取定量分析与定性分析相结合的方法,主要从企业的市场竞争力、资产流动性、管理水平和其他等 4 个方面评定,共有 16 项指标,评级指标体系如表 2 所示。

表 2 评级指标体系

	指标	计分标准	比率值或说明	得分	计算公式
一、市场竞争力 C	经营环境(5分)	企业得到国家、地方的多方面支持,交通、信息等外部条件很好,所在行业竞争环境、地区法律环境好得 5 分;虽然得到一定的支持,但条件有限,环境一般得 2 分;经营环境不好的不得分			
	经营设施的先进性(5分)	采用的技术手段、技术设备、经营装备等很先进,企业的经营设施良好,带给企业较强的竞争优势得 5 分;使企业具有竞争优势的得 4 分;经营设施处于中上水平的得 3 分;经营一般 2 分,较差的不得分			
	质量管理体系(5分)	通过 ISO9000 系列质量管理认证或未参加认证但企业有严格、规范的质量管理制度得 5 分;有规范的质量管理制度得 4 分;有较规范的质量管理制度得 3 分;企业质量管理体系不完善得 1 分;没有质量管理体系的不得分			

续表

	指标	计分标准	比率值或说明	得分	计算公式
一、市场竞争力 C	市场拓展和销售渠道(5分)	企业市场拓展能力强,拥有很好的销售网络和经营渠道,运作良好得5分;市场拓展能力较好,具有较好的经营渠道得4分;市场拓展能力一般,销售网络和经营渠道初具规模得3分;市场拓展能力较差,销售网络和经营渠道存在一定问题的得1分;市场拓展能力差,缺乏有效的经营渠道的不得分			
	小计				
二、流动性 L	流动比率(5分)	5×(比率－不允许值)/(满意值－不允许值)			流动比率=流动资产/流动负债×100%
	速动比率(5分)	5×(比率－不允许值)/(满意值－不允许值)			速动比率=(流动资产－存货)/流动负债×100%
	应收账款周转率(5分)	5×(比率－不允许值)/(满意值－不允许值)			应收账款周转率=产品销售收入净额/(应收账款平均余额＋应收票据余额)×100%
	本息保障倍数(5分)	5×(比率－不允许值)/(满意值－不允许值)			本息保障倍数=[利润总额＋折旧＋摊销＋财务费用－(应收账款增加＋应收票据增加－应付账款增加－应付票据增加)]/(财务费用＋本年度到期的借款)
	小计				

续表

指标		计分标准	比率值或说明	得分	计算公式
三、管理水平 M	主要管理人员的素质和经验(5分)	企业领导人有丰富的管理经验,管理能力很强,经营历史业绩显著,个人有良好社会声誉的得5分;企业领导人管理能力强,有较好的管理经验的得4分;企业领导人管理能力强,有一定的管理经验得3分;企业领导人管理能力、管理经验一般,但其信誉较好得2分;其余不得分			
	管理结构的合理性(5分)	客户有合理的班子结构(班子年龄结构合理、文化程度较好、专业水平高、勇于开拓创新等),领导班子团结,相对稳定,信息流通顺畅,内部监督制度完善,激励约束制度健全,人力资源配置合理得5分;上述方面较好,但存在某些的不足得4分;上述各方面中个别方面存在一定的缺陷得2分;在上述各方面存在较大缺陷的不得分			
	资产报酬率(5分)	5×(比率－不允许值)/(满意值－不允许值)			资产报酬率＝[(利润总额－财务费用)/年平均总资产]×100%
	贷款本息按期偿还率(5分)	5×(比率－不允许值)/(满意值－不允许值)			贷款本息按期偿还率＝(当期归还银行贷款本息数额/当期累计应归还银行贷款本息数额)×100%
	小计				

续表

	指标	计分标准	比率值或说明	得分	计算公式
四、其他P	资产负债率（5分）	5×（比率－不允许值）/（满意值－不允许值）			资产负债率＝负债/资产×100%
	销售收入（5分）	销售收入有稳定的来源，并保持很好的增长势头的得5分；收入稳定得3分；销售收入来源不稳定或下降的不得分			
	行业的稳定性和前景分析（5分）	行业稳定且前景较好得5分，行业稳定且前景一般或行业不稳定但前景较好得3分，行业变动大且前景差的不得分，其他得1分			
	重大事项分析	重大事项对企业有积极的正面影响，基本没有负面影响得5分；正面影响较大得3分；负面影响比较明显，企业面临很多问题的不得分			
	小计				
总计					

在评估时，每项指标均为5分，总分为80分。定性指标参照表中计分标准评定，如与计分标准不相吻合，评估人员可根据实际情况判断定分。定量指标计算均采用年度财务报告中的数据，采用"比率分析、功效记分"的方法。比率分析是指每一项指标都采用比率形式进行比较分析；功效记分是在选定的指标体系的基础上，对每一项指标都确定一个满意值和不允许值，然后以不允许值为下限，计算各指标实际值相当满意值的程度，并转化为相应的功效分数，计算公式如下：

该指标评价得分＝5×（指标的实际值－指标的不允许值）/（指标的满意值－指标的不允许值）

凡实际指标比满意值更好的得满分，比不允许值更差的得0分。各项指标的满意值和不允许值按行业分别规定，如表3所示（其他行业从略）。

表3 不同行业各项指标的满意值和不允许值

	钢铁		机械		医药		房地产开发	
	满意值	不允许值	满意值	允许值	满意值	不允许值	满意值	不允许值
资产报酬率	7%	2%	7%	2%	8%	2%	8%	2%
货款本息按期偿还率	100%	80%	100%	80%	100%	80%	100%	80%
资产负债率	65%	85%	65%	85%	65%	85%	70%	90%
流动比率	1.5	1	1.5	1	1.5	1	1.5	1
速动比率	1	0.5	1	0.5	1	0.5	1	0.5
本息保障倍数	1.5	1	1.5	1	1.5	1	1.5	1
应收账款周转率	8	2	8	1	2	1	0.8	0.1

◆附件◆

三、××银行××分行授信调查指导原则及撰写方法(2012)

第一部分 授信背景和征信调查

一、授信申请人背景核实

1.主体概述

需收集的原始资料：企业法人营业执照（经年检）、企业法人代码证、税务登记证、贷款卡、外商投资企业批准证书等；如经营特种或特许行业，还需收集经营许可证等。

授信分析报告应进行以下阐述：

（1）主体资格、成立时间、历史沿革、注册地点和经营地点；

（2）注册资本、实收资本、投资总额；

（3）主业和从事该主业历史沿革情况、多元化经营的企业应介绍主要经营行业情况。

提示一：对授信申请人成立时间及其成立后的更名、更换股东、增资等历史沿革情况应做了解并阐述；对注册地点和经营地点应进行实地核实，注册地点与经营地点不符的要了解原因并加以说明。

提示二：对民营企业，应该重点分析其实际控制人的发家历史、资本的积累过程、主要合作伙伴、竞争对手、成功的原因等。

2.股权结构

需收集的原始资料：验资报告（延续）、公司章程（律师楼鉴证书）、工商登记信息表、股权转让/兼并/收购协议等。

授信分析报告应进行以下阐述：

(1)股东名称,各自出资份额和出资金额;

(2)是否上市,上市情况介绍;

(3)股东背景,与授信申请人之间是否存在关联关系;

(4)结合原始资料介绍历史股东变化情况;

(5)实际控制人及其控制的其他企业情况介绍。

提示一:对以上原始资料之间相互不吻合的情况要进行核实并在报告中说明,并提供相应佐证资料加以证实,如果工商登记显示的股东与验资报告不一致,则需要了解是否曾经发生股权转让,并要求提供股权转让协议佐证。

提示二:股权结构应以组织架构图的形式在分析报告中体现。

提示三:营业执照上的法定代表人不一定是实际控制人,特别是民营企业,要对实际控制人进行分析。

提示四:申请人的实际控制人的国籍、户籍,是否中国居民,是否被列入限制出境名单等。

3.集团组织结构(集团客户)

需收集的原始资料:关联企业的工商登记信息表,银监会派出机构客户风险监测预警系统中的股权信息、集团结构图表等。

授信分析报告应进行以下阐述:

(1)所属集团名称,实际控制人的背景、资本来源、创业历史等;

(2)集团主业、授信申请人所处地位和经营分工情况;

(3)集团组织架构和主要集团成员情况。

提示一:注意分析集团成员之间的关联关系;集团组织架构应尽可能图示,图示中应包含各成员之间的持股比例。

提示二:当前民营企业多数以注册多个企业形式存在,实际上均构成集团,因此对于民营企业,不论是否集团客户,都应当侧重分析实际控制人情况及其控制的整个集团情况。

提示三:目前民营企业"影子股东"现象普遍,许多下属公司并不是以实际控制人自身而是以其他人(比如公司员工、亲戚、朋友等)的名义担当出资人,但公司由实际控制人经营、控制,这些"影子公司"没有合并进入民营集团企业的财务报表,但资金、经营等均被其控制,对这些关联企业的情况应进行调查分析。

4.授信申请人股东构成和集团股权关系图表参考模板

申请人的股东构成如表1所示。

表 1　申请人的股东构成表

股东名称	出资金额(万元)	持股比例
		00%
		00%
		00%
合计		100%

申请人控股的企业有×家/申请人隶属于××集团,其组织架构图如图1所示。

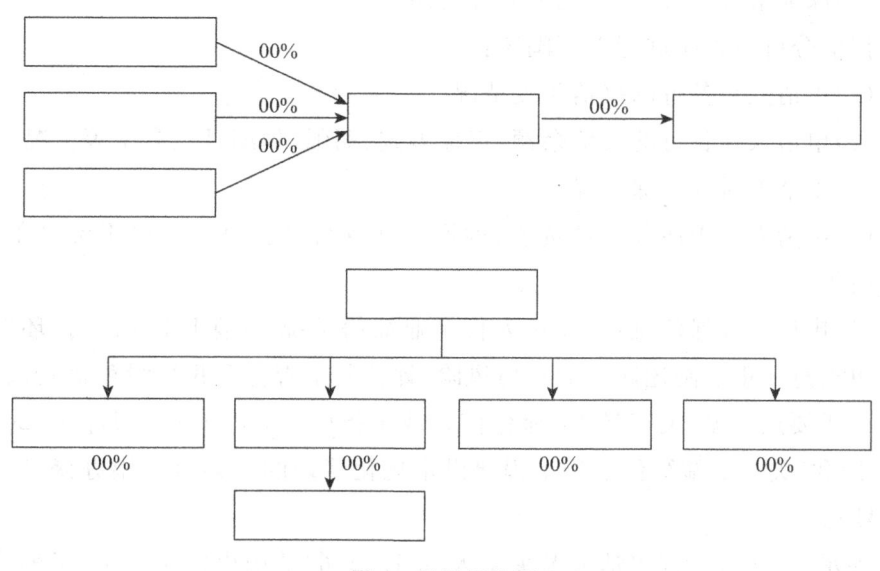

图 1　组织架构图

二、授信申请人征信情况和与我行合作背景

1.征信调查

需查询的主要征信系统及参考网址如下：

(1)企业信用信息基础数据库(人总行系统)：http://182.247.7.50:7001/shwebroot/；

(2)银监会派出机构客户风险监测预警系统(银监总会系统)：http://19.104.246.243:9080/bsfxyj/log.jsp；

(3)深圳市借款企业风险预警系统(市人行系统)http://58.0.61.103/

levws/；

(4)深圳市信用网：www.szcredit.com.cn(互联网)；

(5)深圳市市场监督管理局(查询工商登记信息)：http://www.szscjg.gov.cn/(互联网)；

(6)对于企业实际控制人的个人信用状况有疑虑的或有个人担保的情况，则还需查询深圳市个人信用征信系统(鹏元系统)：http://172.30.19.200/index.jsp 和个人信用信息基础数据库(人总行系统)：http://182.247.7.50：7001/shcreditunion/；

(7)深圳市中级人民法院网 http://www.szcourt.gov.cn/cpws.php(互联网)；

(8)深圳市劳动人事局、税务局等网站。

授信分析报告应进行以下阐述：

(1)申请人在各行的授信额度情况。

(2)申请人在各行的授信余额、担保方式、期限(到期日)、利率等情况。

(3)申请人对外担保情况。

(4)申请人是否涉及不良贷款、诉讼案件、纳税黑名单、拖欠工资名单、劳动纠纷等。

(5)申请人环保信息：可通过人行企业征信系统、环保局网站查找环保违规名单信息。重点阐述客户的环境风险，评估其是否符合我行绿色信贷政策，具体分析要点参见《关于转发〈绿色信贷政策指引〉的通知》(×银深函〔2010〕564号)和《关于实施绿色信贷工程建设常规化管理的通知》(×银办函〔2008〕329号)。

提示一：通过查询申请人及关系人(关联公司)的历史信用纪录，了解其过去及现在的信用情况、有无违约记录等，尽可能对其资信情况进行全面摸底。

提示二：以上信息系统中人行征信系统和银监会派出机构客户风险监测预警系统的查询结果必须打印留档，作为贷前申报资料和放款资料的必要组成部分。

提示三：申请人在各行授信情况可以列表分析如表2所示。

表2 申请人在各行的授信情况

授信银行	授信额度	授信品种	授信/贷款余额	利率	担保方式	期限或到期日
合计						

2.与我行合作情况
(1)与我行建立信贷关系时间;
(2)我行授予授信额度历史变化情况,前次授信条件落实情况及授信额度使用情况;
(3)本次申请授信额度的情况。

提示:分析中应重点阐述本次授信额度申请与过去的变化以及变化原因。

第二部分　行业、经营管理分析

一、授信申请人所处行业情况分析

授信分析报告中应分析以下内容:
(1)所处行业的成本结构、行业成熟度、行业周期性、行业依赖性、行业替代品等;
(2)侧重分析行业盈利现状、行业监管政策;
(3)当前行业风险预警信号(如有);
(4)我行对该行业授信政策;
(5)所处行业在我行环保标识中的分类。

提示一:可参考总行行业授信投向指引,或引用权威机构行业分析报告,并尽可能注明所参考资料的出处;
提示二:具体撰写要点参见信贷业务手册中"授信分析"的相关内容。

二、授信申请人在行业中地位分析

(1)所处的行业地位;
(2)其在行业中的竞争优/劣势;
(3)主要产品及其市场份额、上下游客户、收入构成、主要竞争对手、主要竞争方式、客户的产品创新能力等。

提示:行业分析,首先应以细分行业分析为主,不应单就"国标行业大类"进行泛泛分析,而应至少细化到"国标行业小类"进行细分行业分析;其次应以实际调查情况为主,切忌在网络上随意摘抄,特别是申请人所处的行业情况,应对申请人提供的资料进行甄别,甄别手段包括但不限于向行业专家咨询、在行业网站查询、向其同行及上下游客户了解等。

三、经营管理分析

(1)结合行业特点,分析授信客户的经营管理模式及特点,可结合授信客户与同业进行对比,对比其在产品特性/供应线/销售渠道/市场份额/盈利/经营管理/预期目标的风险、优势及风险化解能力;

(2)对贸易融资业务,重点关注贸易类型(自营/代理,占比)、结算方式及比例、主要上下游客户名单(核心客户)、基本情况、货款回笼、代理费率、单(双)抬头发票比例、是否垫资、对垫资风险的控制方式、目前垫资总额、垫资费率等;

(3)对多元化经营集团,应分析各业务板块对集团收入、利润、授信贡献度,并侧重核心业务板块和核心子公司的分析,并应说明内部关联交易;

(4)当前经营/管理预警信号(如有);

(5)公司治理结构、决策层之间的授权关系、高级管理层的聘任程序、管理者素质及管理层的稳定性等。

提示一:此部分分析应重点分析经营管理上存在的优势和劣势,是否具备核心技术和核心竞争力,评估其市场竞争力的可持续性,对于管理层的稳定性也应加以关注。

提示二:对申请人的员工待遇、员工工作环境、是否有工会组织、员工的流失率、劳动纠纷案件的数量等应进行调查,防止因劳动纠纷等原因引起的罢工、停产、员工意外伤害等突发事件的发生,进而影响企业存续经营。

四、经营管理分析中部分分析要点参考模板

(主营突出的申请人)申请人主营业务主要是×××、×××,主要产品是×××、×××,产品销往×××。上游客户主要有×××、×××等,下游客户主要有×××、×××等。

(多种经营的申请人)申请人是一家集××、××、××、××等为一体的综合性企业集团,拥有全资、控股、参股企业××余家,核心企业/主要行业经营情况如下:

(1)企业 A/板块 A;

(2)企业 B/板块 B;

(3)企业C/板块C。

市场份额：

申请人的年产量/年销售额在国内××的市场份额比较如表3所示。

表3　申请人的年产量/年销售额在国内××的市场份额

	企业/产品	200×年年末	200×年年末	200×年年末
1	A公司/产品	00%	00%	00%
2	B公司/产品	00%	00%	00%
3	C公司/产品	00%	00%	00%
4	D公司/产品	00%	00%	00%
5	E公司/产品	00%	00%	00%
6	F公司/产品	00%	00%	00%

收入构成：

申请人的销售收入主要来源于其下属××公司/××地区/××行业/××产品，20××年的收入构成如表4所示。

表4　申请人的收入构成

	公司/地区/行业/产品	销售金额(万元)	占比
1			00%
2			00%
3			00%
4			00%
5			00%
	合计		100%

第三部分　财务核实与分析

一、财务报告质量

需要收集的原始资料：近三年审计报告(原件)、近期报表(原件)、征询函等。

授信分析报告中应分析以下内容：

(1)注明会计师事务所、审计报告说明(无保留意见的/带有说明段的无保留意见的/保留意见的/拒绝表示意见的)及原因分析(后三种情况)；

(2)评价审计报告质量；

(3)注明该审计事务所是否已被列入我行"会计师事务所黑名单"，如果是，说明仍接受其审计报告的理由。

提示一：除了上市公司的审计报告以及四大所(普华、安永、德勤、毕马威)出具的审计报告之外，必须进行实地征询，要求出具审计报告的会计师事务所在我行发出的征询回函上盖章确认，并且应要求会计师事务所在我行取得的审计报告复印件上盖骑缝章确认。

提示二：对于已被列入我行"会计师事务所黑名单"的会计师事务所出具的审计报告，原则上不予接受。

提示三：对于近三年频繁更换会计师事务所的，且会计师事务所知名度或信誉度逐年下降的审计报告，应予以关注并了解原因。

二、重要科目分析

需要收集的原始资料：企业加盖公章的科目明细；企业电子财务系统中打印出来的科目明细表(要求以财务软件本身的格式打印出来，原则上信贷员应当场核实打印，在打印结果上加盖与系统核对相符章)等(上市公司的审计报告以及四大所出具的审计报告可直接引用报表附注，不需要再收集原始资料佐证)。

授信分析报告中应分析以下内容：

(1)上年年报及近期主要科目明细分析：货币资金、短期投资(交易性金融资产、可供出售金融资产、持有至到期投资)、应收账款、其他应收款、存货、长期股权投资、固定资产、短期借款、其他应付款、长期借款、资本公积、未分配利润、附注中关联交易披露等。

(2)授信客户年报及最近月报中金额较大或异常变化科目及原因分析。

(3)根据申请人的经营模式判断财务结构的合理性，对于不符合其行业特点的财务结构应进行进一步调查分析。

提示：主要科目明细分析应避免机械罗列科目明细及变化，而应当分析其合理与否；对重点科目的明细应当分析其形成原因；对重点科目的较大变化要格外关注,必须取得能够佐证的合理解释,往往财务风险信号就隐含在关键科目的变化当中。

三、财务真实性核实

需要收集的原始资料:主要账户银行对账单、纳税证明、纳税申报表、出口免抵退申报表、固定资产清单等。

授信分析报告中应分析以下内容:
(1)申请人提供资产负债表主要科目真实性核实情况;
(2)申请人提供损益表中收入真实性核实情况;
(3)申请人提供损益表中利润率真实性核实情况;
(4)申请人提供现金流量表质量。

提示:除了上市公司的审计报告以及四大所(普华、安永、德勤、毕马威)出具的审计报告之外,须对授信申请人审计报告中的应收应付款项、存货、固定资产、主营业务收入等重要科目进行真实性核实。核实的办法包括但不限于:

(1)对于应收应付款项,应与授信申请人的财务人员沟通,查询其财务总账和明细账,就应收应付款项,特别是对关联公司往来的其他应收应付款明细、形成原因、账龄、质量进行详细的审核。

(2)对于存货科目,应通过查询授信申请人的库存账、出库入库凭证,实地盘货等方式,核实其存货规模、价值和质量,特别是目前很多小型会计师事务所出具的审计报告,时会出现"存货未经盘存"等注释字样,更要高度关注,自行核实;对中小型企业应坚持实地盘货以核实存货账实相符;对中小企业应查验1～3个月的存货出入库凭证,以佐证原材料出库量和成品出库量,进而佐证销售规模和原材料成本。

(3)对于固定资产科目,应结合授信申请人提供的固定资产清单,以及其内部财务系统打出来的固定资产明细进行核实;对于以评估值入账的固定资产,要高度关注其价值是否已明显贬值,要核实其主要资产是否已设定抵押;固定资产清单中的房产类,应取得其房产证复印件或房产证号;核实固定资产,应包括且不限于申请人本身、实际控制人个人、家庭的固定资产、关联公司在本地和异地的固定资产。

(4)对于主营业务收入规模,是财务真实性核实的重点。中小民营企业主营业务收入的核实办法如下:

①纳税证明。申请人的销售收入的核实,对于服务性收入等须纳营业税的,通过地税纳税证明中的营业税纳税额核实;对于商品购销等须纳增值税的,通过国税纳税证明中的增值税纳税额核实,公式如下:

应缴营业税＝应纳税服务性收入×对应营业税率

应缴增值税＝主营业务毛利×17%

②增值税申报表。经国税局盖章或经办人签字的增值税申报表,分月报和年报,可以查看申请人的应纳税销售额,与纳税证明及报表相互核对。

③出口免抵退申报表。经国税局盖章的出口免抵退申报表,一般有一份年报,可以查看出口型企业经审核的年出口量;该年出口量与海关统计的出口量及报表数字相互核对(目前海关统计的进出口量可以通过国际业务部的"进出口报关量数据系统"查询)。

④海关报关单。可以抽查一年当中不连续的几个月的报关单复印件,以观察申请人平均每月的进出口量。

⑤银行对账单和银行卡交易明细等。首先,通过抽查授信申请人在主要结算银行一年当中不连续的几个月的对账单(至少3个月),可以查看其销售回款记录;其次,对于一些通过个人银行卡交易的,对账单的收集应包含对公和对私两条线,通过对公结算账户和私人银行卡的交易明细来核实每月进账规模;最后是编制简易现金流,通过累加各账户贷方来掌握申请人实际现金流入情况,可以观察到申请人平均每月销售回笼款的规模。

⑥货运单据、出口收汇核销单等其他佐证资料。

(5)申请人的利润总额和利润率情况主要通过地税纳税证明中的所得税纳税额进行核实,即应纳所得税＝应纳税利润×所得税率。

(6)对于投资性房地产、交易性金融资产等以公允价值计价的资产,应详细分析其报表附注所披露的公允价值的计量方法,并具体分析报表日后其公允价值的变化情况;分析报告和资产清单中应当披露有关投资性房地产的当前价值,以及可供出售金融资产、交易型金融资产的现值估算。

提示一:他行的银行对账单应尽可能前往相关银行核实真假,并在凭证上批注"已经前往银行核实"字样后签名确认;对账单的核实应收集非连续的三个月以上的数据,且应涵盖主要结算行。对账单分析应关注流入、流出对象是否与主营业务相关,核实其经营性现金流规模时应剔除与主营业务无关的流入、流出资金,而且如果经常性发生与关联企业间大额进出资金,应作为关注点进一步深入调查原因。

提示二:海关报关量的核实,应当将企业自身提供的报关单、免抵退申报表、出口退税金额、国际部提供的报关统计数据等多渠道进行钩稽核对。

提示三:对于经核实发现审计报告有失实现象的,经营部门应通知授信管理部,以便分行重点审视该会计师事务所的审计质量,必要时将其列入黑名单,不再接受其审计报告。

四、财务数据和比率分析

须对授信申请人近三年主要财务指标进行分析:

(1)分析主营业务收入、投资收入、补贴收入、营业外收入占总收入的比重,主营业务利润、其他业务利润、投资收益、营业外收支差额占利润总额的比重,分析其他收入(利润)、投资收益的来源和稳定性,对产品销售收入进行数量、价格和结构三因素分析,综合判断企业可持续创造收入和利润的能力。

(2)对现金流量结构和结构变化进行分析,通过对现金流量、现金流量变化、现金流量结构、现金流量结构变化等分析,掌握企业现金来源与去向,现金流的变化趋势是否正常。

(3)综合分析。①盈利能力主要指标:销售增长率、利润增长率、销售利润率,资产利润率、权益利润率等主要指标。分析授信申请人近三年及当年累计至最近月度销售、利润增减趋势及原因,与行业水平、预期作对比分析。②偿债和利息保障能力指标:流动比率、速动比率、现金比率、资产负债率、利息保障倍数等主要指标、财务杠杆比率(总负债/有形净资产×100%)、经营杠杆比率(固定资产/总资产×100%)。③资产管理效率指标:存货周转率、应收账款周转率、流动资产周转率、总资产周转率等主要指标。分析授信客户近三年及最近月度资产管理效率,增减趋势及原因,与行业水平、预期作对比分析。④现金流量比率指标:偿债保障比率(债务总额/经营活动现金流量净额×100%),到期债务偿还能力比率(经营活动现金流量净额/本期到期债务本息×100%),现金净流量与销售比率(经营活动现金流量净额/销售收入×100%),现金流量与销售比率(经营活动现金流入/销售收入×100%)。

五、集团客户财务分析要点

(1)对集团客户财务分析,应分三个层次,即集团合并报表的财务分析、集团本部的财务分析以及集团授信成员单位的财务分析,原则上需对其近三年主要财务科目和财务指标进行分析。

(2)通过分析集团客户财务报表的科目明细和报表附注,关注集团客户成员单位之间关联交易和关联资金占用情况。

(3)没有集团合并报表的,主要选取其核心子公司报表,观察集团整体资产负债情况和财务实力。

(4)如集团本部的资产、收入占集团的比例在80%以上,可以使用本部的报表代替集团合并报表。

提示:根据前面的总量分析、对比分析、结构分析、绝对数分析、相对数分析结果,对申请人财务情况进行综合判断,总结其财务优劣势,审慎判断财务风险。

六、财务分析工具参考模板

1.民营中小企业销售收入情况分析表(见表5)

表5　民营中小企业销售收入情况分析

序号	资料来源	收入/利润核实
1	20　年财务报表	销售收入:　　　万元;　利润总额:　　　万元
2	20　年纳税证明	(1)营业税(适用于交通运输、建筑、服务性收入的企业) 计算公式:应缴营业税=应纳税营业收入×营业税率 20　年已缴营业税:　　　万元;营业税率:　　% 　反推20　年销售收入:　　　万元 (2)增值税(适用于商品或劳务销售的企业) 计算公式:应缴增值税=主营业务毛利×增值税率(17%) 20　年已缴增值税:　　　万元 20　年毛利率:　　% 反推20　年销售收入:　　　万元 (3)所得税 计算公式:应缴所得税=应纳税利润×所得税率 20　年已缴所得税:　　　万元;所得税率:　　% 反推20　年利润总额:　　　万元
3	进(出)口申报表	(1)20　年免抵退申报表 进(出)口额:　　　万元 (2)20　年00月—00月海关报关单 平均每月进(出)口量:　　　万元

2.收入现金流真实性佐证

(1)授信申请人及其关联公司/个人银行对账汇总情况(见表6)。

表6 授信申请人及其关联公司/个人银行对账汇总情况

单位:人民币万元

月份	银行对账单贷方累积		
	公司账户小计	个人账户小计	公司及个人账户小计
20 年0月			
20 年0月			
20 年0月			
20 年0月			
20 年0月			
20 年0月			
合计			

备注:

1.公司账户统计包括:

2.个人账户统计包括:

(2)授信申请人及其关联公司银行对账明细情况(见表7)。

表7 授信申请人及其关联公司银行对账明细情况 单位:万元

银行户名	银行账号	开户银行	0—0月贷方累积	20 年0月末余额	20 年0月末余额	20 年0月末余额
小计						
合计	人民币　　万元,美元　　万元(美元兑人民币汇率按6.8算)					

(3)与授信申请人相关联个人银行对账明细情况(见表8)。

表8 与授信申请人相关联个人银行对账明细情况　　　　　单位:万元

银行户名	银行账号	开户银行	0—0月贷方累积	20 年0月末余额	20 年0月末余额	20 年0月末余额
小计						
合计	人民币　　　万元,美元　　　万元。(美元兑人民币汇率按6.8算)					

（4）关于授信申请人销售收入真实性的说明。

3.主要财务指标分析表（见表9）

表9 主要财务指标分析　　　　　单位:万元,%

	200×年×月末	200×年末	200×年末	200×年末
总资产				
净资产				
应收账款				
存货				
银行借款				
应付账款				
资产负债率	00%	00%	00%	00%
存货周转天数				
应收账款周转天数				
应付账款周转天数				
主营业务收入				
净利润				
毛利率	00%	00%	00%	00%
经营活动现金净流量				
总现金净增加				

4.同业主要财务指标分析表

申请人处于××行业,现就××行业部分企业200×年主要财务指标比较如表10所示。

表 10　同业主要财务指标分析　　　　　　　单位:万元,%

项目	申请人	A公司	B公司	C公司
总资产				
净资产				
应收账款				
存货				
银行借款				
应付账款				
资产负债率	00.0%	00.0%	00.0%	00.0%
流动比率				
速动比率				
主营业务收入				
净利润				
毛利率	00.0%	00.0%	00.0%	00.0%

从上表可以看出,申请人的财务状况在行业中处于中等水平/较好水平/中等偏下水平。其中,××为0000万元,同比增长00%,近三年××维持在00%左右,高于同业水平;但××为0000万元,同比增长00%,低于同业水平。

第四部分　借款原因和还款能力分析

一、借款原因分析

(1)借款原因主要包括:季节性销售循环、长期销售增长导致的营运投资变化、营运投资周转效率变化导致的营运投资变化、盈利能力、固定资产替换和扩张、长期投资支出、分配红利、偿还债务(一年内到期的长期负债和其他银行短期债务),以及其他原因说明。

(2)借款原因分析应按照本行《信贷业务手册》中"授信分析"的相关要求进行分析。应根据授信申请人的经营特点、业务周期、财务状况等方面来分析借款人真实借款的原因是属于短期原因还是长期原因。

(3)因季节性销售、营运资金周转率变化导致营运投资变化、盈利能力变化等形成的借款原因的量化分析。

(4)固定资产扩张或投资扩张引发的借款需求。现实中存在部分企业往往抽调自有的生产资金零星购置设备、机器大修理、对外投资等,然后以流动资金需求的名义向银行申请借款,对此要通过深入调查、分析计算并对企业现有流动资金是否充足加以判断,以及我行贷款进入后是否可能被长期占用进行判断和权衡。

(5)偿还债务、分配股利引发的借款需求。这种情况要分析企业的融资能力、盈利能力和持续经营能力,要特别注意是否存在其他银行对企业采取减退贷款策略,是否存在股东准备撤资的迹象。

(6)通过分析借款原因,必须将借款的实际用途分析透彻,特别是对于授信额度较宽裕的综合性企业和集团型企业,应当全面掌握其对银行信贷资金的使用计划。

提示一:应避免走入借款用途模糊化的误区,借款原因不等于借款用途,不能因营运资金不足而形成借款原因,就得出借款用途为补充营运资金而应尽可能细化借款用途,以利贷后用途监控。

提示二:还款资金也不必然来源于借款用途。尽管借款原因因借款而得到满足,可能产生富余资金用于还款,但还款现金流不一定来源于借款用途,应对可能的还款来源进行深入分析。

提示三:因扩大产能、季节性储备和原材料价格大幅度上涨等原因引发的正常借款需求要分析企业生产能力有无保证,季节性储备是否符合企业实际,产品是否有市场,产品销售能否消化原材料价格上涨带来的成本增加。

提示四:因资金周转效率下降、盈利能力下降引发的借款需求要格外关注,是否是因企业经营困难而导致资金缺口的出现,以评估我行能否授信及授信金额。

二、偿债能力分析

偿债能力分析须结合前面财务分析情况,从以下几方面入手:企业整体负债水平、企业资产流动性、销售和利润的长期趋势、企业经营活动、投资活动和融资活动现金流入、流出和净流量、企业资产管理效率、借款原因的合理性、经营单位信贷管理能力等。

(1)确定和评估对债务偿还有潜在影响的关键风险因素,并测算能满足未来还款要求、具有一定质量要求的现金流量。

(2)授信申请人一定时期内的经营性净现流为最可靠的还款来源。

(3)非支付类表外业务和贸易融资品种主要通过客户信用和财务周转正常情况分析。有自偿性现金流的表外业务和贸易融资品种,如出口押汇、保理等,则主要分析贸易背景和结算方式的合理性、规律性和可持续性。

(4)对于基于未来稳定现金流而授予的贷款品种,如经营性物业抵押贷款、高速公路贷款等,还款能力主要分析未来现金流入的稳定性和可持续性。

(5)对借款人的还款能力的敏感性分析一般选用在对销售增长的三种不同情况预测(基准、较差、较好)的基础上进行。应采用世行财务工具"还款能力分析表"进行量化分析。

提示:实际业务中,还款能力还要综合分析,其未来一定时期内可能的非经营性现金支出,其未来一定时期内可能得到的融资性净现流,其他银行同业对其授信态度、处置资产收入等。

三、授信额度的确定

(1)授信额度的确定应按照《信贷政策手册》中"额度管理政策"中"六小因素法"等相关要求进行核定。在额度核定时需要测算和分析"借款原因"和"还款能力"。

(2)集团客户授信额度的核定应综合集团客户各成员单位的偿债能力、业务特点、融资习惯、资金运用方式和实际需求等多方面因素合理加以确定。

①对于集中授信模式下"统贷统还"授信额度的核定,应以集团合并报表为主要分析依据,本部报表、成员单位报表作为辅助分析参考。

②对于集中授信模式下"分贷分还"授信额度的核定,合并报表和成员单

位报表都应作为我行授信额度核定的主要分析依据。以成员单位报表为依据匡算的单个企业授信限额合计总额原则上不应超过以合并报表匡算的集团最高授信限额。

(3)在流动资金贷款额度核定时,对于因销售增长导致的授信申请人营运资金需求,可参考银监会《流动资金贷款管理暂行办法》中给出的测算方法:

营运资金量＝上年度销售收入×(1－上年度销售利润率)×(1＋预计销售收入年增长率)/营运资金周转次数

其中:营运资金周转次数＝360/(存货周转天数＋应收账款周转天数－应付账款周转天数＋预付账款周转天数－预收账款周转天数)

周转天数＝360/周转次数

应收账款周转次数＝销售收入/平均应收账款余额

预收账款周转次数＝销售收入/平均预收账款余额

存货周转次数＝销售成本/平均存货余额

预付账款周转次数＝销售成本/平均预付账款余额

应付账款周转次数＝销售成本/平均应付账款余额

新增流动资金贷款额度＝营运资金量－借款人自有资金－现有流动资金贷款－其他渠道提供的营运资金

其中:可用自有资金＝未分配利润中可用于营运资金周转的部分＋当年净利润＋折旧－当年分红－计划归还贷款。

(分行将陆续下发该测算方法的 EXCEL 工具版,以方便客户经理使用)

第五部分　担保分析

一、抵质押分析

1.加强抵质押资产的核实工作

需要收集的原始资料:拟抵质押资产的产权证或权属证明文件(原件或复印件)、预估报告或评估报告(原件)。

授信分析报告中应分析以下内容:

(1)抵押物是否经实地调查;

(2)抵押物产权状况的核实结果；

(3)是否符合我行对抵押、质押担保资格的各项要求。

提示一：要求评估公司对产权资料的真实完整性负责。评估公司签发的评估报告所附产权资料必须完整，且与原件核对相符；经营部门应要求评估公司在评估报告所附产权资料复印件上加盖与原件核对相符章，如果产权证书原件抵押在我行，则由我行经办部门负责加盖与原件核对相符章。

提示二：经营部门必须对拟抵质押资产的产权合法性进行核实。对于房地产权证，必须到国土部门进行真实性核实，并确认是否已经设置抵押权；对于汽车、飞机、生产设备等动产，必须核实相关产权证明、购买发票、进口报关单等，并且到相应的抵押登记部门核实是否已经设置抵押权。

提示三：必须对抵质押物进行实地勘察。经营部门必须到抵质押物所在地进行实地核实，不能因为资产评估公司已经去过就可以省略这一环节。

2.评估价值和评估净值的核实与评价

(1)分析抵质押物的代偿能力、评估价值、抵质押率、变现能力、有无瑕疵等。对于抵质押率偏高的，还应分析由此产生的第二还款来源弱化风险。

(2)要求必须对评估报告进行复核，对其公允性、合理性和审慎度进行判断，不能简单直接引用评估公司的评估结果。

(3)项目送审时应提交不少于一份抵押物预估报告。建议选择三家分行认可的资产评估公司出具预估报告。经办部门经分析后选择其中一份作为申报时的分析依据，但其余预估报告亦同步送交分行审查，由授信管理部最终确定以哪一家评估公司的预估结果为本项目评审依据。

提示一：对于土地评估价格，特别是绿皮房地产证补地价的评估，由于缺乏公允价格判断依据，对于评估公司估价所采用的全部依据，必须逐一核实，以决定其估价结果是否能够采信；今后除非授信申请人自身实力接近于信用放款条件，绿皮房产证抵押只能作为补充加固手段，原则上不接受绿皮房产证抵押。

提示二：对于商业地产评估，须判断评估公司所采用的租金参数是否偏高，原则上测算商业地产，如果采用未来收益还原法，则所采用的租金预测数应使租售比不超过200倍。

提示三：对于工业用途而实际用于商业用途的物业，评估时原则上要求按照法定用途并结合实际市场成交价格进行评估。

提示四：使用权年限快到期的物业，原则上不接受抵押，除非有政府相关部门出具的可以续期的文件证明；续期时应补交的地价，应取得具有可靠依据的评估结果，我行对其评估办法和评估依据必须进行再次审核，必要时应前往政府相关部门进行咨询。

提示五：对于评估公司测算的预计税费，经营部门必须要求其提供计算过程并加以核实，且预计税费必须包括土地增值税。

提示六：抵押物正式评估报告须经授信管理部审核。对于已审批授信额度在提用时，抵押物的正式评估报告须提交授信管理部审查员复核，并签字确认。对于正式评估报告评估结果与预估报告差异较大的，必要时须重新提交贷审会审批。正式评估报告应名为"房地产抵押估价报告"，文中应表述为"为确定房地产抵押贷款额度提供参考依据而评估房地产抵押价值"。

二、保证人分析

授信分析报告中应重点分析：

（1）公司保证人的分析可参照授信申请人的各项分析内容，个人保证人则重点关注其征信记录和资产状况。

（2）保证人的征信情况应重点关注，特别是保证人的对外担保余额情况，以判断其是否具备实际代偿能力。个人保证人应同时查询其配偶的征信情况和资产情况。

（3）保证人的代偿意愿是否真实。

（4）保证人与授信申请人的关联关系，对于属于同一集团的保证人，应重点分析其代偿是否具有实际意义。

（5）应分析提供担保的原因，是否关联企业，是否有股权关系，是否是同一实际控制人的企业。

对于没有任何股权关系、没有任何业务关系的担保人，要分析担保的合理性，以判断是否相互担保，互保的合理性、风险性。

提示：保证人应提供的各类原始资料同样必须经过核实，不应因为不是授信申请人就放松要求。

担保分析的各项要点具体参见《关于印发〈公司授信业务担保管理办法〉的通知》(×银办〔2008〕×××号)，本文不再赘述。

第六部分　定价和综合收益

一、授信业务定价

各经营部门应形成良好的定价机制，凡是能够争取提高收益的，都必须加强议价，主要包括贷款利率、银行承兑汇票表外业务风险敞口费、保函手续费等。

1. 贷款利率定价流程

(1) 经办客户经理按照《关于调整对公人民币贷款利率下限定价方法的通知》(×××函〔2010〕××号)的要求，在内评评级确定的利率与对公人民币贷款利率定价模型系统确定的利率中取高值，作为贷款利率下限(现定价模型系统已优化功能，系统自动计算内评评级确定与系统计算利率的孰高值)；

(2) 经营部门与客户充分议价，综合考虑授信业务风险及同业定价水平；

(3) 如果初步确定的贷款利率未突破利率下限，则按文件要求上报分行即可；

(4) 如果初步确定的贷款利率已经突破利率下限，则填写"对公人民币贷款利率审批表"逐级审批。

2. 表外业务风险敞口费定价流程

(1) 收费标准：表外业务额度占用费＝(银行承兑金额－现金保证金额)×费率。其中现金保证金额包括保证金、本行存款、国债、银行承兑汇票、金融债券等质押金额以及可以接受的银行担保金额等。银行承兑汇票期限为三个月以内(含)，费率为 0.8%～2%；期限为三个月以上，费率为 1%～2.5%。

(2) 收费费率的核定原则详见《关于对公授信业务风险敞口管理费收费的通知》(×××函〔2008〕×××号)。

(3) 在议价过程中需要进行费率下调的，下调底线为：按照开立银行承兑汇票期限收取每月不低于 0.1% 的表外业务风险敞口费。

(4) 如为我行中高端客户(参考总行标准：上年度管理会计拨备前利润 100 万元以上，或本年上半年拨备前利润 50 万以上)，确需开立银行承兑汇票的，收取敞口费率可以适度下浮或免收。内评评级为 1～4 级的授信客户可不收取表外业务风险敞口费。

二、综合收益分析

详述该授信业务过去及未来所带来的各项综合收益,包括但不限于:利率收入、手续费收入、人民币结算、国际结算、关联企业结算、股东结算、公私业务联动、集团客户营销、上下游客户拓展等。可结合同业定价水平、同业本外币结算量等因素分析。

提示:贷后监控要点中应将对未来授信期内的综合收益做出要求,原则上结算份额不应低于授信份额。

三、贷款定价分析参考模板

(1)根据《贷款定价模型测算表》,申请人贷款利率下限为基准利率/下浮5%/上浮5%。

(2)根据银行同业对申请人的授信情况,申请人贷款利率多为基准利率/下浮5%/上浮5%。

(3)申请人在我行原贷款利率为基准利率/下浮5%/上浮5%;本次客户申请的贷款利率为基准利率/下浮5%/上浮5%;由于本次支行申请的贷款利率低于经测算的贷款利率下限,经公司部/国际部审批,同意贷款利率为基准利率/下浮5%/上浮5%。

综上情况,根据申请人与我行以往/下一步的合作情况来看,公私联动业务较好,综合收益较好,建议贷款利率定为同档次基准利率/下浮5%/上浮5%。

第七部分 风险评价与风险控制

(1)归纳授信业务存在的主要风险点,如政策风险、行业风险、市场风险、经营风险、财务风险、信用风险、操作风险等。

(2)根据授信业务/项目存在的风险点,拟选取以下风险控制措施加以化解:

①审慎核定授信额度;

②担保方式;

③授信/借款合同约定;

④三方协议;

⑤申请人/股东/当事人书面承诺;

⑥压缩风险敞口;

⑦结算账户管理;

⑧提高保证金/自有资金比例;

⑨限定授信品种/期限/用途;

⑩限定收款人/受益人/出票人;

⑪限定提款条件;

⑫限定还款方式;

⑬规定放款操作步骤/方式。

第八部分　评级情况

一、评级内容

(1)授信评级内容包括授信申请人评级和授信业务评级两部分;

(2)根据申请人所处行业评级、申请人在行业中的地位、申请人的财务状况,说明其PD评级;

(3)根据本次授信的担保方式,说明各授信品种的LGD评级。

二、评级分析参考模板

评级结果:PD评级为×,LGD评级为×。

申请人处于××行业,该行业的信贷评级为×级。鉴于××行业属于垄断性/竞争性行业,行业壁垒较高/较低,且行业集中度较高/较低,并根据申请人的生产规模/销售收入/市场份额,申请人在××行业中处于第×档次。同时,根据申请人200×年度财务报表(集团母公司,应明确是本部报表还是合并报表),因此,申请人的PD评级为×。

本次授信的担保方式为免担保/保证担保/抵押担保,保证人为深圳市××有限公司,其行业地位和经济实力均与申请人相当/优于申请人;或抵押物为商品住宅/工业厂房/商铺/写字楼,评估净值为0000万元,按拟贷款金额/授信敞口金额0000万元计算,抵押率为00.0%。因此,本笔授信业务的LGD评级为×。

提示一:上述客户评级及债项评级情况应与内部评级系统(IRS)中评级审查人的评级结果和相关信息一致。在"双十级"评级未废止前,如申请人在"双十级"风险评级和内部评级这两个评级体系中评级差异较大,审查员应在客户经理分析的基础上独立分析差异较大的原因。

提示二:进行内评评级必须慎用"主观推翻"模块,主要以客观数据导入系统形成评级。

第九部分 结论意见

一、结论意见格式

授信分析报告的结论意见是在对授信申请人及其业务风险因素充分揭示和对风险控制措施基本落实的基础上,对授信方案的初步设计。为便于放款环节和贷后管理各项操作手续的落实,结论意见的用语应当精炼、明确、清晰和规范。完整的结论意见一般包括授信要素、授信条件和贷后监控要求等三个方面内容,具体如下:

(1)授信要素,包括授信品种、币别、金额、期限、利率、用途等;
(2)授信条件,包括担保、出款、还款、手续、约定、承诺等;
(3)贷后监控要求,包括关注事项、监控事项等。

提示:授信结论应覆盖原有授信余额,分类额度及主要要素应完整。

二、结论意见模板

同意给予××市××有限公司综合授信额度/组合授信额度/流动资金贷款额度/项目贷款额度人民币0000万元,期限×年,宽限期×个月,循环使用/一次性使用,人行同档次基准利率/人行基准利率上浮00%,按日/按月浮动,用于钢材(汽车、手机、油品)经销/采购原材料/购置设备/置换银行贷款/支付工程款/××××项目建设。组合品种/分类额度如下:

(1)流动资金贷款额度人民币0000万元,单笔期限1年,人行基准利率上浮10%,按日浮动;

(2)银行承兑汇票额度人民币0000万元,00%保证金,单笔期限6个月,表外业务额度占用费按1%收取;

(3)即期信用证额度人民币0000万元(等值美元),00%保证金,单笔期限6个月;

(4)远期信用证额度人民币0000万元(等值美元),00%保证金,承兑时间不超过90天,单笔业务期限不超过180天。

授信条件:

(1)以××市××××有限公司持有申请人的股权作质押;

(2)以位于××市××区××商业城商铺/××工业园厂房/××大厦××楼/栋A、B两套商住房(房产证号:×房地字第0000、×房地字第0000)抵押;

(3)以位于××市××区××路与××路交汇处的××项目用地(宗地号B000-0000)抵押;

(4)由××市××××有限公司保证担保;

(5)由申请人的法定代表人/实际控制人×××保证担保;

(6)授信额度合同/借款合同约定:

①××项目销售回款优先归还我行贷款;

②××项目销售进度达到00%时,偿清全部本息;

③在本息清偿前不得归还股东借款及进行分红;

④由我行独家办理项目贷款及按揭贷款;

⑤申请人提供由独家办理××项目贷款及按揭保证金00万元,如违约,我行有权扣收保证金;

⑥贷款额度项下能否放款由我行根据贷款规模控制的要求决定。

(7)申请人/项目承建人书面承诺：①我行享有××项目优先受偿权；②不予垫资修建××项目。

贷后监控要点：

①支行按照《××××××管理办法》严格监控贷款使用用途；

②申请人使用贷款资金时，需提供书面用款申请及有效证明（如监理公司证明、施工队证明、工程、配套付款通知、购销合同等）；

③支付对象仅限于建筑施工单位、建材供应单位及其他给项目提供服务的公司；

④支行应争取与授信份额相匹配的综合收益，包括：××××××。

第十部分　授信分析报告的撰写

一、授信分析报告的内容与目的

1. 授信分析报告的内容

授信分析报告是由经办客户经理撰写的反映授信申请人经营活动、财务状况，评价授信申请人偿债能力、偿债意愿，进而揭示授信风险并初步拟定授信方案的银行尽职报告。

授信分析报告的撰写规定有11个方面的内容，具体如下：(1)授信客户背景情况；(2)授信业务背景情况；(3)行业风险分析；(4)经营/管理风险分析；(5)财务风险分析；(6)授信额度确定；(7)担保分析；(8)定价和综合效益；(9)风险评价和风险控制；(10)授信对象评级和授信业务评级；(11)综合结论和授信安排。

2. 授信分析报告的核心内容

授信分析报告的撰写概括起来需要把握以下4个方面的核心内容：

(1)客户介绍，主要包括股东背景、关联企业、主营业务、授信情况等；

(2)风险分析，主要包括行业风险、经营风险、财务风险等；

(3)授信需求，主要包括授信原因、授信额度、授信品种、授信期限、授信定价、授信用途等；

(4)授信方案,主要包括授信要素、授信条件,授后监控要求等。

3.授信分析报告的目的

授信分析报告的目的是充分揭示授信风险并初步拟定授信方案为授信审批提供依据。为了达到这个目的,经办客户经理在授信调查时必须做到以下要求并在授信分析报告中体现:

(1)了解你的客户;

(2)了解客户的业务;

(3)了解客户业务的风险;

(4)了解客户的授信需求;

(5)合理设计授信方案。

二、授信分析报告撰写原则

授信分析报告作为授信审批的重要依据,其撰写应当遵循以下原则:

1.客观性原则

授信分析报告所陈述的情况要有事实依据,所罗列的数据要有来源出处,所得出的结论性意见要有分析理由。其基本要求是言之成理,持之有据,尽可能客观地评价授信申请人的经营能力和信用状况。

2.充分性原则

对于授信申请人的偿债能力和偿债意愿,银行处于信息不对称地位。这就需要经办客户经理运用专业知识和征信手段或技巧尽可能充分地挖掘和发现申请人的隐藏信息和隐藏行为,并且将所掌握的有用信息在授信分析报告中予以充分披露,尽可能全面地评价授信申请人的信用状况。

3.审慎性原则

对于不确定性因素的判断或者对于多种可能因素的存在,经办客户经理宁可采取较为保守的看法,将风险因素估计充足,以将授信风险控制在可承受的范围内。

4.明晰性原则

根据授信调查所掌握的大量资料信息,在撰写授信分析报告时应当根据一定的结构体系要求组织材料、整理材料,使之条理化、系统化和明晰化。

总之,授信分析报告切忌资料不实而又分析片面,取材单一而无旁证核实,堆砌材料而无分析判断,仅有结论而无数据支持,内容重复且前后矛盾,词不达意且意见含混。

三、授信分析报告撰写的方式

1.授信分析报告的体例

对授信分析报告撰写规定的 11 个方面的内容构成授信分析报告的主体部分,这是授信分析报告撰写的一般性体例要求。对于有些授信申请人或授信申请项目,由于其股权关系比较复杂,或关联企业比较复杂,或业务交易比较复杂,或生产流通过程比较复杂,或操作程序比较复杂,或项目要素分析比较复杂等,有必要对有关问题作特别解释、特别列表或特别图示。鉴于这些解释、列表或图示占用的篇幅较大,为了保证授信分析报告主体部分阐述的流畅、清晰和简约,需要在授信分析报告主体部分之后加上附注、附表或附图。因此,一个完整的授信分析报告的体例应该包括以下 4 个部分内容:

(1)报告主体;

(2)附注;

(3)附表;

(4)附图。

2.授信分析报告的表述

授信分析报告的撰写主要是文字表述,但并非仅有文字方式一种,常用的还有表格、图示等。文字、表格、图示等各有长处,表格、图示的最大特点就是简约、直观、明了,适用于对比分析、趋势分析、结构分析(股权、组织、产品、市场份额)、流程介绍(工艺流程、操作程序)、归类说明等。因此,授信分析报告的表述包括以下 3 种方式:

(1)文字;

(2)表格;

(3)图式。

◆ 附件 ◆

四、地产项目授信报告

××市××银行
公司信贷客户综合评价报告

(房地产项目 2006 版)

客户全称： ××××××有限公司
填报支行： ××××业务部

第一部分　企业本级基本情况

表 1　企业基本情况

<table>
<tr><td rowspan="8">证照信息</td><td>营业执照编号</td><td>××××置业有限公司</td><td>机构代码证</td><td>69983491—3</td></tr>
<tr><td>贷款卡号</td><td></td><td>税务登记证</td><td>×税联 330100699834913</td></tr>
<tr><td>注册地址</td><td>××区××街道×××号××室</td><td>营业地址</td><td>××路 486 号</td></tr>
<tr><td>单位性质</td><td>其他有限责任</td><td>所属行业</td><td>房地产</td></tr>
<tr><td>注册资本</td><td>10000 万元</td><td>实收资本</td><td>10000 万元</td></tr>
<tr><td>法人代表</td><td>×××</td><td>成立时间</td><td>2010-02-25</td></tr>
<tr><td>企业规模</td><td>大型</td><td>行业资质</td><td>项目资质</td></tr>
</table>

<table>
<tr><td rowspan="5">资本构成</td><td>股东名称</td><td>出资方式</td><td>出资金额（万元）</td><td>占比%</td></tr>
<tr><td>天阳置业有限公司</td><td>货币</td><td>7000</td><td>70%</td></tr>
<tr><td>天阳控股集团有限公司</td><td>货币</td><td>3000</td><td>30%</td></tr>
<tr><td></td><td></td><td></td><td></td></tr>
<tr><td>合计</td><td></td><td></td><td></td></tr>
</table>

<table>
<tr><td rowspan="5">银行业务信息</td><td>本行首笔信贷品种</td><td>项目贷款</td><td colspan="2">首笔时间</td><td>日均存款额</td><td>保证金</td></tr>
<tr><td>基本户开户行</td><td colspan="3">本行</td><td>账号</td><td></td></tr>
<tr><td>结算户开户行</td><td colspan="3"></td><td>账号</td><td></td></tr>
<tr><td>结算户开户行</td><td colspan="3"></td><td>账号</td><td></td></tr>
<tr><td>结算户开户行</td><td colspan="3"></td><td>账号</td><td></td></tr>
</table>

<table>
<tr><td>企业发展及管理层综述</td><td>**企业发展历史**（重点调查企业成立的背景，已结束开发的主要项目，自身积累情况）
公司成立于 2010 年 2 月，主要是为开发本项目成立，母公司××××多年来一直致力于房地产经营，先后开发××公寓（约 6 万平方米）、××商业中心一期（约 3 万平方米商业楼）、××商业中心二期（约 2.5 万平方米）、×××××项目（约 30 万平方米住宅）、×××××项目（约 13 万平方米）、××××项目（约 9 万平方米），××××及××××通过这几年的发展积累了一定的开发经验和企业品牌</td></tr>
</table>

续表

企业发展及管理层综述	简述管理层基本情况及简历(企业实际控制人、负责人、财务及其他主要部门负责人等) ××× 男 19××年×月×日出生 本科 19××年×月至19××年×月××××××任基建技术管理员 19××年×月至19××年×月××××房地产公司任公司技术管理员 19××年×月至20××年×月×××房地产投资开发公司任总经理 20××年×月至今××××××有限公司任总经理 ××× 女 19××年×月×日出生 本科 19××年至19××年××市××局专管员 19××年至19××年××××××××院 19××年至20××年×××××厂 20××年至20××年××××××有限公司 20××年至今 ××××有限公司

第二部分　企业经营及财务状况评价

表2　企业经营情况及财务状况评价

主营业务评价(近3年开发量、竣工量、销售量、合格率、优良率、销售率;目前在建项目情况;企业近3年的销售业绩,行业地位)

公司为该项目而成立的项目公司,之前在公司名下没有开发过其他项目,但是公司依托××置业有限公司的背景,通过以前项目的积累为该项目的开发积累了丰富的经验和资本

盈利能力评价(近3年房地产开发销售收入、成本、利润的增减变化情况;计算分析销售利润率、资产利润率、权益利润率等指标,预测其变化趋势)

项目还处于前期投入,未达到销售条件

偿债能力评价(近3年各年末资产、负债、所有者权益、现金流入和流出的各项构成及其增减变化;计算当月报表相关分析指标,预测其变化趋势)

截至2010年2月,公司报表显示:公司总资产4.21亿,其中货币资金2015万元,为银行存款。存货3.99亿,主要为开发成本,其中土地出让金3.83亿,契税1149万元,总负债3.23亿,全部为其他应付款3.23亿,因项目开发需要,支付土地款的大部分资金为公司股东投入,其中天阳控股集团有限公司3.2亿。公司注册资金10000万元,未分配利润－126万元为项目正常运转开支的相关费用。公司资产负债率76%,流动比1.3,速动比0.07,公司资产负债率较高,短期偿债率较差,主要是存货占流动资产比重很大,房地产行业在未销售前是这个情况也属正常。此项指标随着项目对外销售会好转

续表

借款人信用情况评价(近3年的长短期借款的本息偿还记录,目前的主要融资银行,资金用途,并分析资金的使用效益或可行性,与实际资金需求是否匹配) 　　公司为项目资质的开发公司,主要为本项目的建设而成立,至今没有银行贷款。其股东公司在与我行合作期间一直保持较好的合作,从没有不良信用记录
借款人发展前景评价(对借款人的业务发展方向和长远规划进行分析,评价其发展前景) 　　公司依托××××有限公司的背景,目前××××在开发项目为××××、××××及××××国际项目,公司法人为×××,有丰富的房地产开发经验,在产品设计及定位以及成本控制上都较为符合市场的需求。虽然眼下房地产行业因过热面临政府的调控压力,短期有回调的可能,但从我国的人口结构、国民消费习惯、经济高速增长以及人民币升值的预期来看,房地产行业的长期向好是乐观的,政策的调控不是要让房地产行业崩塌,而是在眼下过热的情况下降温,本人认为调控只是暂时的

第三部分　项目分析

表3　项目分析

项目概况及合法性	项目名称:×××× 立项批文文号:×发改备[2010]47号　　发文机构:××市发改委 土地使用权证:××国用(2010)第100214号　　发证机构:××市国土资源局 用地规划许可证:地字第3301002010000274号　　发证机构:××市规划局 建设规划许可证:建字第3301002011000028号　　发证机构:××市规划局 建筑施工许可证:3301062011011260101　　发证机构:××管委会 环境评价报告: 项目总投资:7亿　　项目资本金:1.75亿 计划融资额:2.5亿 地理位置、周边环境、配套设施简介: 本项目位于××市×部的××板块,位于×××(××G-R21-16-01地块),东至××D14-02地块,南至××路,西至××路,北至××G-C2-15地块。 项目地块距离××江约5 km 距离×湖约12 km 距离×××市中心约17 km 距离×××约18 km 生活配套设施: 1.从×××经×××路绕绕城高速到地块约26 km 2.从×××经×××过××路到地块约21 km 目前经过周边的公交线路有:K514、K866(小区巴士)、308/K308、K357环行

续表

项目概况及合法性	教育：××第七高级中学：45班教学，本科率每年均在90%左右。 ××镇中心小学、幼儿园 ××第一、第二幼儿园 ××小学、幼儿园 ××小学、幼儿园 医院：×××疗养院 ××医院（位于××度假区×××地块。2011年年底或2012年年初投入使用）：三级甲等 商业：××××距离地块3 km左右 交通设施：××路、×××路东段（主干道）
项目规划及建设资金来源	次干路：××南路西段、××北路—××路、××路、××路（西段）、××路、××路。 项目规划（土地面积、容积率、分类别及汇总建筑面积等）。 根据规划局对本地块的规划要求，我司结合该项目的定位和开发理念对该地块设计出以下明确方案： | 经济技术指标	数量（单位）
地块总面积	34347 m²
地上总建筑面积	91762.19 m²
地上及地下停车库	515 个
容积率	2.00
建筑密度	28%
绿地率	30% | 项目开发计划（平面布局、户型设计、分期计划、目前进度等） 户型比例： 90 m²以下共224户，共计19891.89 m²，占33.36%（小三房二厅、二房二厅）； 116 m²共128户，共计14848 m²，占26%（大三房二厅）； 138 m²共127户，共计17526 m²，占30.86%； 323 m²共14户，共计4522 m²，占7.96%。 建筑限高50米以内。 总居住数493户，总居住人数1479人（按每户3人计算）。 **项目建设资金来源**（借款人自有资金、银行融资计划、其他资金来源） 项目总投资7亿左右，土地成本3.83亿，支付土地款项主要是公司自有资金以及股东的借入，后续项目建设资金来源主要依靠项目自身合理的融资2.5亿和项目的销售回笼

续表

一、总投资估算表

序号	成本项目	金额(万元)	备注
1	土地成本	39449	
	A.土地出让金	38300	
	B.契税	1149	
2	前期费用	1752	
	A.规费	332	91762.19 m² × 36.2 元/m²
	1.白蚁防治费		2.2 元/m²
	2.教育费附加		10 元/m²
	3.散装水泥基金费		1.5 元/m²
	4.墙体改装费		8 元/m²
	5.消防审核费		2 元/m²
	6.质监费		3 元/m²
	B.勘察设计费	458.5	91762.19 m² × 50 元/m²
	1.施工图纸设计费		30 元/m²
	2.施工图审查费		3 元/m²
	3.地质勘探费		1.5 元/m²
	4.其他		15 元/m²
	C.水电安装监理等	962.00	91762.19 m² × 105.20 元/m²
	1.给排水管网建设费		3.79 元/m²
	2.供电管网建设费		80 元/m²
	3.天然气管网建设费		59688 m² × 11 元/m²
	4.桩基检测费		1.81 元/m²
	5.监理费		20 元/m²
	6.其他		1.30 元/m²
3	建安成本	15046.13	
	A.主体建筑	9000	59688.00 m² × 1500 元/m²
	B.地下室	5760	32074 m² × 1800 元/m²
	C.装修费用(公共精装修)	1500	7500 m² × 2000 元/m²
	D.基坑维护	50	暂估
4	室外工程	1800	59688 m² × 300 元/m²
	A.消防设施	1201	20 元/m²
	B.智能化设施	150	25 元/m²
	C.小区绿化、景观	1200	200 元/m²
	D.小区市政道路等	120	20 元/m²

项目规划及建设资金来源

续表

序号	成本项目	金额(万元)	备注
5	其他费用	580	(1+2+3+4)×1%
6	管理费用	2400	收入×2.5%
7	财务费用	5000	2.5亿元×7%×3年
8	不可预见费	580	(2+3+4+5+6+7)×1%
9	销售费用	2400	可售销售收入×2.5%
10	项目总投资	69007	

序号	类目	销售单价(元/m²)	可售面积(m²)	销售收入(元)
1	普通住宅	15000	52265	78400
2	排屋	30000	4522	13566
3	地下车位	100000	475(个)	4750
4	合 计			96000

二、经营税金及附加

经营税金及附加

序号	项目	计税依据(万元)	税率	税额(万元)
1	营业税	96000	0.05	4800
2	水利建设基金	96000	0.001	96
3	城建税	4800	0.07	336
4	教育费附加	4800	0.03	144
5	地方教育费附加	4800	0.02	96
6	土地增值税	96000	0.02	1920
7	印花税	96000	0.0005	48
	小 计	—	—	7440

三、项目利润及投资收益率估算

主要财务指标

内 容	计算依据	金额(万元)
销售收入		96000
开发总投资	项目总投入	69000
利税总额	销售收入-开发总投资	27000
投资利税率	27000/69000	39%

续表

内　容	计算依据	金额（万元）
经营税金及附加	详见二、经营税金及附加	7440
利润总额	27000－7440	19560
应缴所得税额	19560×25％	4890
税后净利润	19560－4890	14670
税后投资利润率	14670/69000	21.27％
税前财务净现值（12％）	25560/÷1.123	12950
税前内部收益率	19560/59000	33.5％
静态投资回收期	36÷12＝3	3 年

四、销售进程与资金回收预测表

项目	销售价格	2011年9月开始销售		2012 年		2013 年	
		销售面积及个数	销售金额（万元）	销售面积及个数	销售金额（万元）	销售面积及个数	销售金额（万元）
住宅	15000 元/m²	15000	22500	30000	45000	7265	10000
排屋	30000 元/m²			3000	9000	1522	4566
地下车位	10 万/个	50 个	500	100 个	1000	100 个	1000
合　计			23000		55000		15566

五、资金平衡表

单位：万元

序号	内容	2010 年	2011 年	2012 年	2013 年	小计
1	资金来源					
1.1	营业收入		15000	60000	21000	96000
1.2	自有资金	10000	0	0		10000
1.3	股东借入	39449	0	0		39449
1.4	各类贷款	0	25000	0		25000
	小　计	49449	40000	60000	21000	170449
2	资金运用					
2.1	建设投资	3000＋39449	5000	5000	6178	19178＋39449
2.2	财务费用	0	2000	2000	1000	5000

续表

序号	内容	2010年	2011年	2012年	2013年	小计
2.3	销售费用 管理费用	1000	1000	2000	800	4800
2.4	经营税金附加	0	825	3300	1155	5280
2.5	土地增值税	0	300	1200	420	1920
2.6	所得税	0	300	3000	1000	4300
	小计	4000	9425	16500	10553	40478
3	盈余资金	6000	30575	43500	10447	90522
4	贷款/债务偿还	0	0	0	25000	25000
5	累计盈余资金	6000	36575	80075	90522	213172

六、全投资现金流量表

单位：万元

年份	2010年	2011年	2012年	2013年
一、现金流入	49449	40000	60000	21000
二、现金流出合计	43649	7725	12400	9313
1.地价款	39449	0	0	0
2.前期工程与规费	450	500	500	302
3.建安工程费用	2500	4000	3900	5246
3.1公寓		3500	3000	3000
3.2其他用房	0		300	1000
3.3物业用房	0		300	1000
3.4地下室	2500	500	0	246
4.区内配套	0	0	500	500
5.不可预见费	50	300	100	130
6.财务费用	0	1000	2000	1000
7.销售费用、管理费用	1000	1000	2000	800
8.税金及附加	0	825	3300	1155
9.其他	200	100	100	180
三、税前净现金流量	5800	32275	47600	11687
四、税前累计净现金流量	5800	38075	85675	97362

续表

	年份	2010 年	2011 年	2012 年	2013 年
项目规划及建设资金来源	五、税前净现值(12%)	12950			
	六、税前内部收益率	33.5%			
	七、静态投资回收期	3 年			

项目市场定位分析(主要评价项目所在区域的档次、所面向的主要消费群体)

本项目定位主要基于以下几点：

(1)总价低于 200 万,杭城房产市场欠缺高得房率的房产,主流消费群有着旺盛的需求；

(2)本项目相对较低的地价,为实现住宅的低价优质具备可能；

(3)项目地块方正,使项目具备了大面积绿化的天然条件,在人们崇尚自然健康的居住方式、追求与自然和谐相伴的今天,项目必将受到人们的青睐。

项目主题词"绿色、健康、环保、智能"。

其建设目标为"舒适型主流住宅",户型设计以 75 m² 的精致二房以及 90 m² 的三房为主力户型,另有少量 100 m² 以上的三房。总价控制在每套 150 万～180 万元,公寓均价价格在 16000 元左右。目标客户群体为 35～45 岁的中青年(家庭年收入在 15 万元左右、二次置业、注重小区环境和未来配套)和市区中产阶层二次换房者。

项目市场供求状况及趋势分析(主要分析经济政策和产业政策,项目所在地的经济发展水平和房地产市场发育程度,项目主要消费群体的收入水平,居住水平,同类项目的对比等)

针对眼下土地和房价上涨的状况,中央政府采取了几项措施进行调控。第一,地方政府加快保障性住房建设和抑制房价过快上涨是地方政府的一个很重要的任务。第二,中央政府也采取了很多措施,比如,加大中央对保障性住房建设的支持力度,扩大一些限价房和经济适用住房的供应范围。土地,是未来房价构成的关键。而土地价值,一定会越来越高,目前调控房产的政策是暂时的,诸如外地人不得在当地买房,不能贷款等政策待房价疯涨之势得到遏制时就会解除,这种极左极右的政策调控不会长久,所以我认为现在房市的调整对房地产长久发展是有利的。

项目市场竞争能力分析。(主要分析和评价项目各方面与周边区域同类项目的比较优势,综合得出项目在市场上的竞争力。)

最近本项目附近成交的同类型土地成交情况如下。

表 4 同类型土地成交情况

宗地名称	宗地位置	出让面积（m²）	土地用途	容积率	建筑面积（m²）	楼面价（元/m²）	竞得人	成交日期（年份）	备注
[2009]59	××R21-01、02、03地块	90640	住宅（设配套公建）	2	181280	15281	××××	2009	
[2009]49	××R21-B52-1地块	39071	住宅（设配套公建）	1.8	70327.8	9669	××××	2009	据了解，规划高端小高层公寓
[2004]78	××国家旅游度假区	50829.2	住宅（设配套公建）	1.7	86409.7	3588	××××置业有限公司		

表 5 敏感性分析

序号	项目	变动幅度(%)	税后净利润(万元)	税后利润变动
1	基本方案	0	14670	
2	建设总成本29558万元(不含土地费用)	+20	10236	下降30.21%
		+10	12453	下降15.10%
		-10	16886.25	上升15.11%
		-20	19102.5	上升30.21%
3	售房价格96000万元	+20	27954	上升90.55%
		+10	21312	上升45.00%
		-10	8028	下降45.27%
		-20	1386	下降90.55%

销售盈亏平衡点＝[(总投资成本－销售税金)/(销售收入－销售税金)]×100%
　　　　　　　＝[(69000－7440)/(96000－7440)]×100%
　　　　　　　＝61560/88560×100%
　　　　　　　＝69.5%

第四部分　担保因素分析

表6　抵押担保因素分析

	抵押物所有人是否具备担保资格		■是　□否	抵押物是否合法	■是　□否
房地产抵押	抵押物名称		土地使用权证	抵押物地点	××市××区××街道××路与××路交界口东北角
	抵押物所有人		×××有限公司	抵押物状态	■自用　□闲置　□抵押前已出租　□抵押后拟出租
	权属证明		凭证名称	凭证编号	
	建成时间		使用年限	70	剩余年限	70
	抵押物情况及整体情况		包括开发手续是否齐全;若抵押物为整体建筑的一部分应说明整体情况;若以前做过抵押,也应说明情况;若抵押物已出租,则说明出租情况;是否还有其他抵押权人		
	抵押方式		■土地使用权　□在建工程　□房产		
	建筑面积		分摊土地	购置价	
	评估机构		是否为本行指定的评估机构:□是　□否		
	评估价值		确认价值	38300万元	抵押率	65%
	有无法律纠纷、产权是否明晰		无		
	变现能力分析				

第五部分　综合结论

表7　综合结论

客户全称				
调查情况	调查方式 ××	调查时间 ×××	访谈对象	法人代表　本行参加人员
业务性质	■首笔业务　□增加额度　□还旧借新　□展期　□其他			
业务品种	项目贷款			
申请金额及相关要素	申请币种　人民币　金额25000万元　期限　36　月利(费)率			
担保情况	1			
	2			
	3			
	备注			
融资用途	项目建设			
还款来源	销售回笼款			
计算客户融资需求		计算客户周转天数		
主要风险点	1.房地产调控政策	主要风险防范措施		
	2.			
	3.			
资金用途监管计划	按固定资产贷款管理办法执行			
调查结论(理由及建议)	该项目具有一定的成本优势,合理的项目定位以及较好的开发商品牌优势使项目具有较好的操作性,本次项目授信2.5亿元用于项目建设,利率上浮20%,期限三年,按揭业务以我行主办,贷款资金按固定资产贷款管理办法执行,拟同意,请审批! 　　信贷人员签名:××、×××　　(本人参与上述项目的调查,并对各项调查内容真实性负责) 　　日期:2011-03-28　　支行负责人签名:×××			

◆附件◆
五、企业金融信用业务方案送审报告

××银行

××××企业金融信用业务方案送审报告

申请人：××系列
业务种类：内部基本授信
授信金额：3500万元
主办分行：××分行
发起机构：企业金融××业务部

2019 年 02 月 26 日

表 1　授信业务基本资料清单

内　　容	份数	页码
一、申请人基本资料		
□授信业务申请书		
□营业执照正副本（年检合格）	2	
□企业组织机构代码证（年检合格）		
□税务登记证（含国税、地税）		
□法定代表人身份证明书、身份证	1	
□法定代表人、实际控制人、主要经营者、财务负责人简历		
□企业基本户开户许可证	1	
□贷款卡及密码		
□企业征信报告	1	
□历次验资报告	1	
□公司章程或合资合同	1	
□特殊经营资格、资质证明（安全生产许可证、排污许可证、质量认证证书，施工企业的施工资质证书，特种企业经营许可证书等）	4	
□近三年经审计的年度财务报告（含审计意见、财务报表及附注），近期财务报表（申报日近2个月内）和上年同期财务报表，近期报表主要财务科目明细说明	5	
□近两年及今年以来纳税证明（纳税申报表、电子缴税付款凭证、税收通用缴款书，包括增值税、企业所得税、营业税）		
□申请人主要关联企业贷款卡查询情况及所在集团合并财务报表		
□董事会、股东会等同意向本行申请授信的文件		
□董事会成员和主要负责人、财务负责人名单和签字样本		
二、担保资料		
（一）连带责任保证		
□营业执照正副本（年检合格）		
□企业组织机构代码证（年检合格）		
□税务登记证（含国税、地税）		
□法定代表人身份证明书、身份证		
□法定代表人、实际控制人、主要经营者、财务负责人简历		
□开户许可证		
□贷款卡及密码		

续表

内　　容	份数	页码
□企业征信报告		
□历次验资报告		
□公司章程或合资合同		
□特殊经营资格，资质证明（安全生产许可证、排污许可证、质量认证证书，施工企业的施工资质证书，特种企业经营许可证书等）		
□近三年经审计的年度财务报告（含审计意见、财务报表及附注）近期财务报表（申报日近2个月内）和上年同期财务报表，近期报表主要财务科目明细说明		
□近两年及今年以来纳税证明（纳税申报表、电子缴税付款凭证、税收通用缴款书，包括增值税、企业所得税、营业税）		
□担保单位主要关联企业贷款卡查询情况及所在集团合并财务报表		
□董事会、股东会等同意对外担保的文件		
□董事会成员和主要负责人、财务负责人名单和签字样本		
（二）抵、质押担保		
□抵质押物权属证明	1	
□抵质押物价值评估报告	1	
□抵质押物取得或购置的合同协议及有关付款凭证	1	
□抵质押人营业执照（年检合格），组织机构代码证（年检合格），税务登记证，验资报告，公司章程，上年度和近期财务报表，董事（股东）会决议及签字样本		
（三）自然人保证担保		
□保证人及配偶的有效身份证、户口本、结婚证		
□保证人及配偶个人信用记录		
□保证人财产及收入状况证明		
三、其他有关资料		

授信尽职调查报告

表2 授信尽职调查

客户名称	福建×××有限公司(以下简称"申请人")
是否首笔业务	是□ 否□
授信类型	综合授信□
	单笔授信□
业务人员	客户经理：××× 业务助理：××× 产品经理：××× 机构负责人：×××、×××

一、调查实施背景描述

现场调查参与人员：×××、×××、×××、×××。
客户接待人员：法定代表人×××及财务人员等。
调查时间：2019年2月21日、2019年2月22日。
调查地点：申请人公司。
调查主要内容：贷款合作方案及抵押物情况。
客户调查、资料收集采用的方式、方法：实地调查与间接调查相结合、定量分析与定性分析相结合的方法。

二、客户及关联企业与我行合作情况

(1)与我行常规信贷业务合作情况：

分行于2017年01月06日批复,(通知书流水号：tz201701090001)同意给予××××有限公司1300万元公司厂房按揭贷款,期限60个月,担保情况：以申请人名下位于××县××××的土地使用权(土地证号：×国用

(2016)第××××号)及在建工程(面积约 12400.44 m²)抵押。

其他要素 1:(1)年利率执行央行人民币存款基准利率一年期限档次+5.39%(五年期基准利率上浮 45%),采用按月等额本息还款方式;(2)本笔业务办理后,××××系列企业在我行授信额度 1300 万元(风险敞口 1300 万元)。

其他要素 2:用于申请人自建位于××县××××的综合楼、科研楼、生产辅助用房、门卫室、甲类车间、甲类仓库、丙类仓库、消防水池、事故应急水池、甲类液体罐区等。

除了按本行相关制度及管理办法要求办妥的相关手续外,还应落实以下条件:(1)办妥合法完整有效的借款、抵押等法律手续,在建工程抵押需办理保险。(2)申请人法人代表×××及其配偶对全部风险敞口出具个人担保声明。(3)北京××××科技有限公司对全部风险敞口承担连带责任保证。(4)申请人设备款 904 万元在放款前需全部到位,专项用于购买设备。(5)按揭贷款需项目"四证"齐全,项目资本金中自筹部分(1316 万元)全部到位,且需出具相关承诺函:①股东出具在本行贷款本息未全部归还之前,不得挪用借款人资金、不分配利润、不抽走资本金、未经本行许可不得转让股份以及将其所持有借款人股份出质的承诺函;②工程建设承包商出具放弃抵押物优先受偿权的承诺函;③抵押地块上的已建和今后新建的厂房在办妥产权证后应追加我行抵押,在实现抵押前,若我行处置土地使用权可一并处置;④对抵押物状态(权利归属、是否出租等情形)进行声明并承诺今后若实施出租、抵押、出售或在抵押土地上新投建建筑物及其他改变抵押物属性和用途的行为前须取得我行书面同意。

贷后管理要求:(1)加强贷后管理,密切关注申请人系列企业经营情况及工程投建使用情况,合理把握贷款的使用,切实防范风险;(2)按《××银行固定资产贷款管理实施细则》及《××银行工业厂房贷款管理办法》相关要求执行,对贷款资金实行封闭管理,借款人必须与我行签订资金监管协议,承诺用款一律实行贷款人受托支付方式;(3)在建厂房竣工验收完毕,经办机构必须督促并协同申请人及时申领工业厂房权属证书,及时变更为工业厂房抵押担保。

放款前提条件执行情况:

(1)已办妥合法完整有效的借款、抵押等法律手续,在建工程抵押已办理保险。(2)申请人法人代表×××及其配偶已对全部风险敞口出具个人担保声明。(3)北京××××有限公司已对全部风险敞口承担连带责任保证。(4)申请人设备款 904 万元已全部到位,专项用于购买设备。(5)按揭贷款需项目"四证"齐全,项目资本金中自筹部分(1316 万元)已全部到位,申请人已出具相关承诺函：①股东出具在本行贷款本息未全部归还之前，不得挪用借款人资金、不分配利润、不抽走资本金、未经本行许可不得转让股份以及所持有借款人股份出质的承诺函；②工程建设承包商已出具放弃抵押物优先受偿权的承诺函；③抵押地块上的已建和今后新建的厂房在办妥产权证后应追加我行抵押，在实现抵押前，若我行处置土地使用权可一并处置；④对抵押物状态（权利归属、是否出租等情形）进行声明并承诺今后若实施出租、抵押、出售或在抵押土地上新投建建筑物及其他改变抵押物属性和用途的行为前须取得我行书面同意。

申请人已办妥产权证并已办理好抵押（闽（2019）××县不动产权第0000238号）。

截至2019年02月26日，该企业在我行信用余额792.5788万元，风险敞口余额792.5788万元。

表3　企业在我行贷款风险分析

业务品种	业务余额（万元）	风险敞口（万元）	期限	担保情况
厂房按揭贷款	384.3926	384.3926	2017.02.17—2022.02.17	房地产抵押
厂房按揭贷款	262.6534	262.6534	2017.02.24—2022.02.24	房地产抵押
厂房按揭贷款	145.5328	145.5328	2017.09.29—2022.09.29	房地产抵押
合计	792.5788	792.5788		

（2）供应链金融业务开展情况：无。

（3）投资银行、金融租赁业务开展情况：无。

（4）企业财富管理开展情况：无。

（5）截至2019年02月该客户在我行的客户层级和结算情况：

表4　企业在我行层级和结算情况

存款余额	客户分层分类	本年日均存款	2018年日均存款	贷款余额
98万元	核心客户	187.32万元	44.63万元	0
年结算量	是否开通网银	是否代发工资	是否主办行客户	年模拟利润
2472万元	是	是	是	
我行负债占比	是否把握核心资产	内部评级	芝麻开花入池客户	是否办理现金管理
—	—	A3	否	否

(6)原预计综合效益落实情况：

①以敞口方式启用的厂房按揭贷款利率执行五年期基准利率上浮45%，采用按月等额本息还款方式。

②实际对公结算回笼、贷款利息收入、保证金存款情况：

表5　企业在我行资金情况

时间	资金回笼(万元)	日均存款(万元)	国际结算(美元)	结售汇(万元)
2018	2472	44.63	—	—
2019年1—2月	418	187.32	—	—

上轮授信年度贷款利率：

公司厂房按揭贷款1190万元，年利率执行央行人民币存款基准利率一年期限档次＋5.39%（五年期基准利率上浮45%），按年浮动，采用按月等额本息还款方式。

申请人目前在我行有代发工资（代发人数30人）、使用手机银行、信用卡等金融产品。

(7)上轮授信资金用途及还款来源调查：我行贷款主要是用于支付工业厂房建设工程款，还款来源为企业的经营收入和经营利润。

(8)客户目前在我行的风险分类情况：正常1。

(9)关联公司与我行往来情况：无。

三、客户及关联方基本情况

(一)客户基本资料

1.基本资料卡

表6　企业基本资料

企业名称	×××××有限公司	成立时间	2015年05月20日
企业性质	有限责任公司	法定代表人	×××
注册号	××××××××××	法人代表身份证	×××××××××××××××
注册地	××县××工业区××路	法定地址	××县××工业区××路

续表

经营范围	黏合剂,化工新材料,新能源材料研发、生产、销售;化工产品(不含危险化学品)销售;自营和代理商品及技术的进出口					
业务资格资质	无					
注册资本	3000万元	实收资本	2400万元	实际控制人		×××
最新股东构成	出资人	出资额	股权占比	出资方式	实际控制方	是否逃废债企业
	北京××××有限公司	1680万元	56%	货币	×××	否
	×××(宁波)投资管理合伙企业(有限合伙)	540万元	18%	货币	×××	否
	×××(宁波)投资管理合伙企业(有限合伙)	180万元	6%	货币	×××	否
	×××(宁波)投资管理合伙企业(有限合伙)	0万元(600万元投资款未到资)	20%	货币	××	否
	合　计	2400万元	100%			
董事会成员	董事长:×××;监事:×××;董事:×××、×××、×××、×××					
开户行情况	基本户:××银行××县支行			一般户:无		
关联企业	北京××××有限公司一级关联					
年检情况	营业执照、开户许可证、排污许可证等均在年检有效期内					
环保信息查询情况	据人行征信系统查询,无环保违法违规行为记录					
社保缴费信息查询情况	据人行征信系统查询,无社保缴费信息,亦无其他欠费未缴、法院诉讼记录					

备注:根据人行征信系统及工商综合信息服务平台查询,显示申请人与以下企业存在关联关系,经调查:

(1)北京××××科技有限公司,成立于2007年8月31日,法定代表人×××,注册资本280万元,注册地址:北京市××区×××路×号院×号楼×××号,股份占比:×××96.43%,×××3.57%(股东×××为公司员工持股);公司主营业务:技术推广服务,销售化工产品(不含危险化学品);公司2018年总资产2771万元,销售收入454万元,净利润56万元;经营场位于×××区×××路1号院×号楼×××号,面积107.07 m²,该经营场所为北京××××有限公司自有房产(2018年签订购房合同,购买价为293.57万元,购房款已全额付清,现过户手续正在办理中);企业现以贸易经营为主,生产及科研已搬至×××县生产基地;企业未对外融资,担保借款人在我行有1300万元厂房按揭贷款。

(2)深圳市××××有限公司,成立于2016年6月15日,法定代表人×××,注册资本500万元,其中,×××认缴出资350万元(70%)、×××认缴出资150万元(30%)。该企业目前并无生产经营,无对外融资及担保,注销手续正在办理中。

(3)××××(宁波)投资管理合伙企业(有限合伙),成立于2018年04月27日,法定代表人×××,注册资本540万元,注册地址浙江省宁波市××区×××街×弄×号×幢××室,股东占比:×××41.02%、××30.09%、××11.11%、××6.67%、××5.56%、××5.56%;公司主营业务:投资管理、投资咨询(除证券、期货);实际控制人为×××(股东××、××、×××为公司员工持股),企业无经营,该公司主要是为借款人的股权结构调整而成立;无对外融资及担保。

(4)×××(宁波)投资管理合伙企业(有限合伙),成立于2018年04月27日,法定代表人××,注册资本180万元,注册地址浙江省宁波市××区××镇××街××弄××号××幢××室,股东占比:××50%、××50%;公司主营业务:投资管理、投资咨询(除证券、期货);实际控制人为×××(××为申请人公司管理人员,××为×××的配偶,二人均为代持×××股份),企业无经营,该公司主要是为借款人的股权结构调整而成立;无对外融资及担保。

2.股东背景

北京××××有限公司、××××(宁波)投资管理合伙企业(有限合伙)、×××(宁波)投资管理合伙企业(有限合伙);详见"关联企业"介绍。

××××(宁波)投资管理合伙企业(有限合伙),成立于2018年04月08日,法定代表人××,注册资本300万元,注册地址:浙江省宁波市××区××镇××街××弄××号××幢××室,股东占比:××50%、××50%;公司主营业务:投资管理、投资咨询(除证券、期货)。

申请人实际控制人仍为×××,××××(宁波)投资管理合伙企业(有限合伙)是申请人为开拓锂电池行业市场引进的战略合作企业,股东××及××在锂电池行业有着较广的人脉。

3.公司设立与变更

申请人依托于关联企业北京××××科技有限公司建立,北京××××科技公司原有规模无法满足现有业务发展需求,为满足市场发展并且进一步拓展新能源市场,申请人、创始人×××于2015年5月成立福建××××科技有限公司,注册资本5000万元,股东为×××,占股100%。

2018年4月4日企业名称变更为:福建×××新材料科技有限公司,注册资本变更为 2400 万元。

2018 年 5 月 23 日企业股东变更为：(1)北京××××科技有限公司；(2)×××(宁波)投资管理合伙企业(有限合伙)；(3)×××(宁波)投资管理合伙企业(有限合伙)。

2018 年 11 月 23 日企业股东变更为：(1)北京××××科技有限公司，股权占比 56%；(2)×××(宁波)投资管理合伙企业(有限合伙)，股权占比 18%；(3)×××(宁波)投资管理合伙企业(有限合伙)，股权占比 6%；(4)×××(宁波)投资管理合伙企业(有限合伙)，股权占比 20%，注册资本增加到 3000 万元。

4.公司独立运营情况

申请人拥有自己完整的资产，公司拥有独立完整的研发、采购、生产、销售等业务体系，完全具备面向市场独立经营的能力。

申请人位于××市××县××××工业开发区，现有员工 30 人，占地面积 21336 m^2(即 32 亩)，建筑面积 11758.52 m^2，地上建筑物有：5 层综合楼，面积 3866.60 m^2；5 层科研楼，面积 1995.44 m^2；2 层丙类仓库，面积 746.07 m^2；3 层甲类车间，面积 746.07 m^2；2 层生产辅助车间，面积 498.83 m^2；门卫室，面积 45.51 m^2。

基础建设总投入 4086 万元，其中土地 416 万元(已全额开具发票)，建设工程 3670 万元(已开具发票的金额为 3095 万元)。

申请人现有三条通用生产线，用于生产水基型胶黏剂(高铁用胶黏剂、美纹纸离型剂、锂电池用水基型胶黏剂)，设备目前截止总投入 1103 万元，已支付设备款 927.13 万元，设备尾款未支付 175.94 万元(已开具发票的有 602.55 万元)。

今年计划新增两条生产线，约 450 万元；实验室计划新增研发的实验及检验设备约 150 万元。

(二)股权结构和相关公司基本信息

1.组织架构图

根据公司章程，股东会是公司的最高权力机构，由全体股东组成。公司设立董事会，董事会由 5 名董事组成，设董事长 1 名，由董事会选举产生。公司设经理 1 名，负责公司的日常管理工作。公司设立行政人力资源部、财务部、营销部、采购部、生产部、技术部等职能部门，管理机构完善，职能较齐全。

2.管理模式

申请人已基本建立了现代企业制度，法人治理机构健全，财务制度较完善。申请人财务独立结算,独自设立资金结算中心进行资金归集。

3.实际控制个人和管理层介绍

(1)申请人创始人兼法人代表×××,男,××××年×月出生,本科学历,学士学位。简历:1999年7月毕业于××××大学高分子材料科学与工程专业;1999年8月—2000年12月在××××成套设备有限公司担任技术工程师、车间主任;2001年1月—2007年3月在××××化工有限公司工作,历任销售工程师、福建区域销售经理、华北区域销售总监等职务;2007年8月创立北京××××科技有限公司至今,2015年6月创立福建××××科技有限公司。

(2)×××,职务:副总经理,女,1943年8月出生,高级工程师,1964年毕业于××××大学化工机械专业,原在××××厂任专家组组长一职,曾派往日本××××制造所研修多年,退休后到××××公司任总工程师和总裁顾问,曾获国家级质量管理先进个人称号和省市级技术创新奖。

(3)××,职务:技术总监,男,1976年6月出生,工学博士,中国化学与物理电源行业协会动力电池应用首届专家委员会委员,2005年取得××××大学材料学专业工学博士,申请并获得多项专利,2005—2007年在××××(集团)股份有限公司轮胎研究所任职,开发巨型工程子午线轮胎、绿色环保轮胎,2008—2009年在×××(苏州)有限公司/万××××(苏州)有限公司任主任工程师一职,主持对××等笔记本用涂料(主要为UV涂料)的研发、生产与技术支持工作,2009—2012年在××××涂料有限公司任副总经理一职,主要负责数码3C、汽车(塑料)、家电以及电动车等涂料的研发、生产、技术支持以及原材料采购,2012年至今在北京××××科技有限公司任技术总监一职,带领公司整个技术团队负责技术项目立项、运营及管理等。

4.个人及家庭资产情况(实际控制人名下的房产、车辆等)

表7 企业实际控制人家庭资产情况

姓名	资产类型	基本情况	市场价值(万元)	权证情况	抵押情况
×××	房产	××市××区×××号×室(170.74 m²)	1000	全	抵押
×××	车位	××市××区×××号×车位(2个)	120	全	抵押
×××	房产	××市××区××园×号楼×单元×室(91 m²)	420	全	抵押

续表

姓名	资产类型	基本情况	市场价值（万元）	权证情况	抵押情况
×××	车辆	奥迪A4(闽D××××)(1辆)	30	全	无
×××	车辆	大众途观(闽D××××)(1辆)	30	全	无
合　计			1600		

四、申请人所属行业分析

在未来5年，中国将重点发展环保型、节能型胶黏剂，同时还将大力研发高技术含量、高附加值、高性能的胶黏剂新产品。水基胶黏剂是胶黏剂发展的必然趋势。

申请人为专业水基型胶黏剂研发生产供应商和解决方案的提供商，××××的水基型胶黏剂主要应用于高铁、美纹纸和新能源领域。

在高铁领域，××××是国内唯一一家能够给中国拥有自主知识产权的Ⅲ型轨道系统供应核心材料的供应商。《铁路"十三五"发展规划》提出，到2020年，全国铁路网基本覆盖地区常住人口20万以上城市，高速铁路网覆盖80%以上的大城市；全国铁路营业里程达到15万公里，其中高速铁路3万公里。××××在该领域的胶黏剂产品营业额大约在7.2亿元。

在美纹纸领域，××××是国内唯一一家实现工业化生产美纹纸专用离型材料的企业。××××已经与晶华新材、福建友谊、上海永冠、深圳益鸿等业内前五位的用户达成战略合作伙伴关系，在此领域的市场份额从2010年的零逐步增长到2018年的65%。

在新能源领域，××××水基型胶黏剂的应用对象主要为锂离子电池，目前××××经过自主研发生产，已经形成正极用水性胶黏剂BA-300系列，负极用水性胶黏剂BA-200系列，隔膜涂覆用水性胶黏剂BA-400系列三大系列产品。产品优势：(1)环保：彻底以水替代市场上通用的NMP有机溶剂，解决了NMP对环境和人体的伤害；(2)具有更良好的低温性能和更优异的倍率性能；(3)使锂电池的生产成本每安时降低0.05元；(4)使电池极片制作工艺时间由原来的8小时缩短至4小时以内，大大提高了生产效率。在大力发展新能源的形势下，全球锂离子电池市场将在2018—2025年的预测期内以

14.3%的复合年增长率增长,预计2025年市场规模将超过1000亿美元。

五、申请人经营情况

该企业目前主要经营水基型胶黏剂产品,主要应用于高铁、美纹纸和新能源等领域。

企业拥有8项发明专利证书:"一种纸张含浸液及其制备方法""一种降低1,3-丙磺酸内酯水分含量的方法""一种锂电池用水性黏合剂的制备法""一种双草酸硼酸锂的合成及提纯方法""一种遮蔽胶带用离型剂及其制备方法""防水型纸张离型剂及制备方法""锂离子电池陶瓷隔膜用黏合剂及其制备方法""一种锂离子电池极片柔韧性的检测方法"。

审查中的专利8项(国内5项,国际3项):涂层内聚力的表征方法(国内)、一种锂离子电池负极水性黏合剂及其制备方法(国内)、一种锂离子电池负极水性黏合剂及其制备方法(韩国)、一种锂离子电池负极水性黏合剂及其制备方法(日本)、一种锂离子电池正极水性黏合剂及其制备方法(国内)、一种锂离子电池正极水性黏合剂及其制备方法(PCT)、聚合物前驱体转化Si/C锂离子电池负极材料及制备方法(国内)、一种Si/C纳米复合阳极材料及其制备方法和应用(国内)。

1.主营产品及销售情况

(1)高铁用胶黏剂:该产品目前占企业整体销售约43%,主要客户为铁道科学研究院铁建所、铁道科学研究院金化所、北京市铁锋建筑工程技术开发公司,结算方式为季结。

该产品主要用于铁路减震层中,已获得国家铁科院的认可,应用于我国高铁铁路上。销售对象全部为中国铁科院(北京市铁锋建筑工程技术开发有限公司与中国铁道科学研究院铁道建筑研究所,两家均为铁科院所属企业)。

(2)美纹纸离型剂:该产品目前占企业整体销售约50%,美纹纸俗称遮蔽胶带、喷涂用纸,主要用于室内装饰、电器电子、汽车的喷漆及喷涂等,主要客户为晶华新材(上海晶华粘胶制品、浙江晶鑫纸业、江苏晶华、广东晶华)、深圳安腾,深圳益鸿,福建友谊,福清友发,江西鑫杰,深圳兴佳盛等。结算方式为季结。

(3)锂电池用水基型胶黏剂:该产品目前占企业整体销售约7%,主要应用于3C数码、储能设备、动力电池,主要客户为深圳飞鹏、深圳好品盈、东莞卓睿电子、金稭能源科技等（猛师科技、天能集团、超威集团已在进行产品终试，德国 EMBATT 已完成第一轮实验）。结算方式为季结。

2018 年度产销情况表：

表 8　企业 2018 年度产销情况

项目	2018 年
产品一　美纹纸离型剂	水性离型剂 BM－R260
产量	1570660 公斤
销量	1445740 公斤
销售价格	9 元/公斤
销售额	1305.47 万元
产品二　高铁用胶黏剂	流变剂 8028DD
产量	136725 公斤
销量	97585 公斤
销售价格	64 元/公斤
销售额	624.65 万元
产品三　高铁用胶黏剂	流变剂 8000DD
产量	103965 公斤
销量	85445 公斤
销售价格	64 元/公斤
销售额	546.08 万元
产品四　高铁用胶黏剂	流变剂 3116DD
产量	75010 公斤
销量	57120 公斤
销售价格	64 元/公斤
销售额	365.73 万元
产品五　锂电池用水基型胶黏剂	BA－288A/K/H
产量	99800 公斤
销量	75780 公斤
销售价格	25 元/公斤
销售额	187.68 万元

2.原材料采购情况

原材料、辅料主要品种包括：丙烯酸、丙烯酸丁酯、醋酸乙烯、过硫酸钠、纤维素、苯乙烯、氨水、表面活性剂、丙烯腈、丙烯酸羟乙酯(HEA)、丙烯酰胺、PVA、氢氧化锂、过氧化苯甲酰(BPO)、防腐剂、去离子水等20多种原料。

主要供应商有:山东赫达、浙江卫星石化、江阴振发化工、江苏裕廊化工、江阴市穗粤贸易、广州市九合化工科贸、石家庄瑞远化工、长泰泰福贸易、怀宁县宜光化工等。与供应商结算周期为现款及月结,结算方式基本为银行转账。

2018年度的采购情况表:

表9 企业2018年度采购情况

供应商名称	原材料名称	采购金额（万元）	占原料成本比例(%)	货款结算方式及账期
山东赫达股份有限公司	M4、M9	480	23.10	银行转账、月结
浙江卫星石化股份有限公司	丙烯酸乙酯EA	325	15.66	银行转账、现款
江阴振发化工有限公司	丙烯腈AN	142	6.83	银行转账、现款
江苏裕廊化工有限公司	丙烯酸乙酯EA	118	5.68	银行转账、现款
江阴市穗粤贸易有限公司	丙烯腈AN	78	3.76	银行转账、现款
广州市九合化工科贸有限公司	多功能助剂P4B	82	3.98	银行转账、月结
其他	辅料	854	40.99	银行转账、现款
合计		2079	100	

3.销售收入情况核实

表10 税单、电费单情况表   单位:万元

项目	报告期	金额	同期比较	反映的产销量
税单	2018年	1943	—	3575
电费单	2018年	27.645	—	3575

申请人2018年才正式投产,2017年为试生产。

申请人2018年年末财务报表体现的销售收入为3575万元,纳税申报表2018年纳税体现的销售收入为1943万元,差距的主要原因是部分销售未开具发票(销售未开具发票部分主要是美纹纸离型剂)。

(1)经办机构负责人与经办人员实地走访了申请人,到车间调查了申请人的日常生产经营情况及单日的实际产量,同时调查了申请人的库存、销售单及

订单情况:申请人 2018 年累计销售水性离型剂 BM-R260,1445740 公斤(均价为 9 元/公斤),金额 1305.47 万元;流变剂 8028DD,97585 公斤(均价为 64 元/公斤),金额 624.65 万元;流变剂 8000DD,85445 公斤(均价为 64 元/公斤),金额 546.08 万元;流变剂 3116DD,57120 公斤(均价为 64 元/公斤),金额 365.73 万元;BA-288A/K/H,75780 公斤(均价为 25 元/公斤),金额 187.68 万元;型号 D-5040、DF-354、BM-R165、F-232 等产品销售了 546 万元;合计 3575 万元,与财务报表反映的销售收入基本一致。

(2)据申请人对公账户流水统计:申请人 2018 年我行对公账户回笼 2472 万元,收到的银行承兑汇票金额合计 411 万元,两者合计 2883 万元,加上 2018 年投产后新增的应收账款 1065 万元,与财务报表体现的销售收入基本一致。

综上,认为申请人财务报表体现的销售收入是比较真实的。

六、客户财务数据分析与说明

(一)财务报表

表 11 企业财务报表　　　　单位:(单位:万元/%/次)

项目	2017 年 12 月	2018 年 12 月	项目	2017 年 12 月	2018 年 12 月
流动资产	1516	1975	流动负债	1776	1979
货币资金	38	54	短期借款	0	0
短期投资	0	0	应付票据	0	0
应收票据	0	18	应付账款	0	611
应收账款	0	1065	预收账款	0	0
其他应收款	200	23	其他应付款	1812	1333
预付账款	1279	389	应付工资	35	71
存货	0	426	应交税金	-71	-36
待摊费用	0	0	预提费用	0	0
长期投资	0	0	长期负债	1047	830
固定资产原值	2	10	长期借款	1047	830
固定资产净值	1	9	总负债	2822	2809
在建工程	2288	3467	股东权益	1854	3044
无形资产	429	399	股本	1872	2400

续表

项目	2017年12月	2018年12月	项目	2017年12月	2018年12月
长期待摊费用	443	3	资本公积	0	0
			盈余公积	0	0
总资产	4676	5853	未分配利润	−18	644
主营收入	10	3575	现金净流量	−15	16
主营成本	8	2078	经营活动净流	1216	906
营业利润	−18	659	经营活动流入	1203	2669
投资收益	0	0	经营活动流出	−13	1763
其他业务利润	0	7	投资活动净流	−2288	−1188
利润总额	−18	662	投资活动流入	0	0
净利润	−18	662	投资活动流出	2288	1188
资产负债率	60.36%	48.00%	筹资活动净流	1058	298
流动比	85.40%	99.78%	筹资活动流入	1047	528
速动比	13.39%	58.61%	筹资活动流出	−11	230
销售利润率	−173.02%	18.50%			

(二)主要会计科目及主要变动科目明细(2018年12月)

(1)货币资金53万元,其中,银行存款19万元,现金34万元。

(2)应收账款1065万元,账期均为一年内,其中,江西鑫杰科技发展有限公司19万元、北京市铁锋建筑工程技术开发公司678万元、浙江晶鑫特种纸业有限公司92万元、江苏晶华新材料科技有限公司88万元、上海晶华胶粘新材料股份有限公司63万元、深圳市安腾胶粘带有限公司107万元等。

(3)预付账款389万元,其中,厦门合本建筑设计有限公司37万元、漳州市中源电力物资有限公司85万元、温州护瓯环保工程有限公司56万元、漳州市贵安机械工业有限公司81万元、福建金誉宝厨房设备有限公司15万元、漳州市梁园家具有限公司66万元、厦门华基科技有限公司21万元、南京博蕴通仪器科技有限公司11万元、福建诚腾建筑装饰工程有限公司104万元。

(4)存货424万元,其中,原材料151万元、库存商品264万元、半成品9万元。

(5)应付账款611万元,其中,广州市威恺莱贸易有限公司33万元、北京嘉和瑞联科技有限公司77万元、江阴市穗粤贸易有限公司40万元、江阴振发化工有限公司50万元、山东赫达股份有限公司252万元、江阴振发化工有限公司 11 万元、北京东方福尼特科技有限公司 75 万元、长泰泰福贸易有限公司 14 万元等。

（6）其他应付款 1333 万元，其中，鑫泰建设集团有限公司兴泰分公司 875 万元、大中（湖北）机械科技有限公司 32 万元、温州护瓯环保工程有限公司 36 万元、漳州市梁园家具有限公司 43 万元、无锡环蓝环保设备有限公司 22 万元、福建银城建设有限公司 36 万元、福建诚腾建筑装饰工程有限公司 25 万元、厦门华基科技有限公司 14 万元、深圳市瑞成科讯实业有限公司 170 万元、长泰泰亿物流有限公司 28 万元等。

（7）在建工程 3467 万元，为公共设施费用。

（8）无形资产 399 万元，其中，土价款 394 万元，软件 4 万元。

(三)财务分析

1.偿债能力分析

表 12　企业偿债能力

指标	2017 年 12 月	2018 年 12 月
流动比率	0.85	1
速动比率	0.13	0.58
利息保障倍数	—	52.34
资产负债率	60.36%	48.00%
流动资产周转率（次）	0.85	1
现金比率	2.14%	3.62%
主营收入现金率	−9	0.74
非筹资性现金净流入与流动负债比率	−120.79%	−15.05%

由上述数据可以看出，申请人 2018 年投产后资产负债率在 50% 以下，处于中等水平；流动比率为 1，资金流动性一般，主要是公司投产后应付款等增加，导致负债增加，流动比率减少，随着公司生产经营逐步正常，流动比率趋于好转；速动比率 2018 年为 0.58，速动比率处于较低水平。随着公司生产经营逐步正常，企业应收账款将会较大幅度增加，应付账款减少，以有效提高企业流动比率及速动比率。随着扩大经营效益逐步全面显现，预期偿债能力较强。

2.盈利能力分析

表 13 企业盈利能力

指标	2017 年 12 月	2018 年 12 月
毛利率	23.34%	41.88%
营业利润率	-173.02%	18.42%
成本费用利润率	-63.37%	22.62%
资产报酬率	-0.77%	12.57%
净资产收益率	-1.95%	27.02%

从上述 2018 年财务指标看,毛利率、营业利润率、资产报酬率、净资产收益率等指标属于较高水平,随着申请人总体收入明显增长,盈利能力、毛利率将逐步趋于稳定增长。

3.营运能力分析

表 14 企业营运能力

指标	2017 年 12 月	2018 年 12 月
应收账款周转速度(次)	—	6.71
应收账款周转速度(天数)	—	53.63
存货周转速度(次)	—	9.76
存货周转速度(天数)	—	36.90

从上述 2018 年财务指标看,申请人资产营运指标相对合理,具有较强的营运能力,随着申请人的投产应收账款及存货增加,故应收账款周转速度、存货周转速度将相对放缓。

4.现金流分析

表 15 企业现金流

指标	2017 年	2018 年
一、经营活动产生的现金流量:		
现金流入小计	1203	2669
现金流出小计	-13	1763
经营活动产生的现金流量净额	1216	906
二、投资活动产生的现金流量:		
现金流入小计	0	0

续表

指标	2017 年	2018 年
现金流出小计	2288	1188
投资活动产生的现金流量净额	−2288	−1188
三、筹资活动产生的现金流量:		
现金流入小计	1047	528
现金流出小计	−11	230
筹资活动产生的现金流量净额	1058	298
四、汇率变动对现金的影响	0	0
五、现金及现金等价物净增加额	−15	16

从上述财务指标看,随着生产经营逐步正常,现金流主要依靠经营现金流,随着扩大经营效益逐步显现,预期经营活动现金流也将起支撑作用。投资活动 2018 年现金流以流出为主,主要是固定资产逐步入账。2018 年筹资活动现金流为净流入,主要是其他与筹资有关现金。同时,从对公司现金流量结构的分析结果表明,公司具有成长性、前景较好的特点。

通过上述对公司财务状况的分析,总体得出:目前生产经营逐步正常,预计授信年度可实现销售额 0.5 亿元,预期将形成充足的现金流,还款来源较有保障,各项财务指标也将得到进一步优化。公司财务制度较健全,管理规范、偿债能力一般,经营有效益,资产运营有效率,公司成长性、发展前景较好。

(四)双线核实情况

2018 年财务报表经××××事务所审计[报告文号:××审字(2019)第××号],无保留意见。

七、客户与银行合作情况综述

征信系统查询情况:截至 2019 年 02 月 26 日,根据征信系统查询显示,申请人在银行还本付息及时,没有不良记录。企业在我行厂房按揭贷款信用余额 792.5788 万元,风险敞口余额 792.5788 万元。

(1)银行融资及业务合作明细:

他行授信及民间借贷情况(截至 2019 年 02 月 26 日)

表 16　他行授信及民间借贷情况

银行及民间机构名称	授信额度（万元）	业务品种	期限	信用余额（万元）	担保方式	五级分类
××国际租赁	315	设备租赁	2018.08.31—2021.09.05	180	设备抵押	—
总计	315	—		180		

　　××国际租赁与申请人签订的合同额度315万元，实际给予252万元的额度，申请人已还款8个月，本金及利息归还96.32万元，还款方式为等额本金。

　　申请人对外担保情况：无。

表 17　申请人对外担保情况

被担保企业名称	余额	品种	分类	担保方式	融资机构
—	—	—	—	—	—
合计					

　　(2)关联公司银行融资情况：无。

　　(3)关联公司对外担保情况：担保申请人在我行的1300万元厂房按揭贷款。

　　(4)申请人法定代表人、配偶的授信情况及额度使用情况：

表 18　申请人法定代表人、配偶的授信情况及额度使用情况　　　　单位：万元

姓名	与企业控制人关系	贷款品种	期限	贷款余额	担保情况
×××	法人代表	个人消费贷款	2016.11.21—2021.11.21	27	车位抵押
×××	法人代表	个人经营性贷款	2016.11.23—2019.11.15	357	个人房产抵押
×××	法人代表	个人经营性贷款	2016.11.23—2019.11.15	310	个人房产抵押
×××	法人代表	个人经营性贷款	2017.11.16—2022.11.16	161.3577	个人房产抵押
×××	法人代表	个人经营性贷款	2018.05.22—2022.05.22	96.6797	个人房产抵押
合计				952.0374	

　　法人代表×××及配偶×××个人征信系统中近24个月无逾期记录。27万为在××银行的个人消费贷款，抵押物为××市××区×××的两个车位；357万元及310万元为在××银行的个人经营贷款，抵押物为××市××区×××号×室（面积170.74 m²）；161.3577万元及96.6797万元为在××银行的个人经营贷款，抵押物为××市××区×××园×号楼×单元××房产

(面积 91 m²)。

(5)其他重要事项说明：

表 19　其他重要事项

(一)未决诉讼、仲裁事项	无涉及诉讼、仲裁事项
(二)资产抵押、质押、其他被限制处置事项	无涉及资产抵押、质押、其他被限制处置事项
(三)外部信息查询情况	没有存在被海关、税务、环保部及银监等政府部门、监管机构纳入预警黑名单或被本行提示预警等情况
(四)近期重大事项情况分析	无
(五)其他重大事项说明	无

(6)申请人及关联企业是否为我行关联方：否。

八、客户授信风险调查与分析

(一)授信用途及资金需求说明

申请人从 2018 年公司正式投产后，北京的生产及科研搬至××生产基地后业务呈较快增长态势，经营效益逐步显现；申请人投产后需投入大笔流动资金用于采购原料，由于原材料成本一直上升，为控制原材料成本，申请人计划进行大批量原材料采购，而公司运行初期固定资产投入也将影响流动资金，使其相对较紧张。为满足生产经营需求，特向我行申请授信敞口额度 1700 万元(含申请人在我行工业厂房按揭贷款)。

(二)资金需求测算

根据"三个办法一个指引"相关规定，本次采用申请人 2017 年 12 月 31 日至 2018 年 12 月 31 日四个季度的财务报表数据作为计算依据，进行新增流动资金需要量的测算；上年度销售收入 3575 万元，销售成本 2078 万元，利润总额 662 万元，销售利润率 18.52%；营运资金周转次数测算采用的数据为 2017 年 12 月至 2018 年 12 月各季度四期平均数；目前销售形势良好，预计下一授信年度可实现销售额 5000 万元，预计销售收入增长率 39.86%。

根据报表具体测算过程如下：

应收账款周转次数＝3575/[(0+22+449+705+1065)/5]＝7.98(次)

应收账款周转天数＝360/7.98＝45.11(天)

存货周转次数＝2078/[(0+293+350+458+426)/5]＝6.81(次)

存货周转天数＝360/6.81＝52.86(天)

预收账款周转次数＝3575/[(0＋0＋0＋0＋0)/5]＝0(次)

预收账款周转天数＝360/0＝0(天)

预付账款周转次数＝2078/[(1279＋713＋302＋307＋389)/5]＝3.47(次)

预付账款周转天数＝360/3.47＝103.75(天)

应付账款周转次数＝2078/[(0＋356＋436＋653＋611)/5]＝5.06(次)

应付账款周转天数＝360/5.06＝71.15(天)

营运资金周转次数＝360/(存货周转天数＋应收账款周转天数－应付账款周转天数＋预付账款周转天数－预收账款周转天数)＝360/(52.86＋45.11－71.15＋103.75－0)＝2.76(次)

营运资金量＝上年度销售收入×(1－上年度销售利润率)×(1＋预计销售收入年增长率)/营运资金周转次数＝3575×(1－18.52％)×(1＋39.86％)/2.76＝1476(万元)

新增流动资金贷款额度＝营运资金量－借款人自有资金－现有流动资金贷款－其他渠道提供的营运资金＝1476－0－0－0＝1476(万元)

其中：借款人自有资金＝所有者权益＋长期负债－固定资产－无形及递延资产－长期投资－待处理流动资产损益＝3044＋830－3476－402－0－0＝－4(万元)

申请人在我行流动资金贷款余额0万元。

相关数据调整后测算：

考虑到申请人投产后以来账期出现不同程度拉长，现较大的集团客户货款结算周期基本为按季付款，应收账款周转天数将放缓为95天，(原应收账款周转天数为45.11天)，调整后重新测算如下：

营运资金周转次数＝360/(存货周转天数＋应收账款周转天数－应付账款周转天数＋预付账款周转天数－预收账款周转天数)＝360/(52.86＋95－71.15＋103.75－0)＝1.99(次)

营运资金量＝上年度销售收入×(1－上年度销售利润率)×(1＋预计销售收入年增长率)/营运资金周转次数＝3575×(1－18.52％)×(1＋39.86％)/1.99＝2047(万元)

新增流动资金贷款额度＝营运资金量－借款人自有资金－现有流动资金贷款－其他渠道提供的营运资金＝2047－(－4)－0－0＝2051(万元)

其中：借款人自有资金＝所有者权益＋长期负债－固定资产－无形及递延资产－长期投资－待处理流动资产损益＝3044＋830－3476－402－0－0＝－4(万元)

综上,本次给予申请人的贷款额度不超过 2000 万元,符合企业内在资金需求。

九、担保措施

表 20 担保措施

抵押地块位置	××县××工业园		土地性质	国有出让工业用地	
使用权人/当前使用人		福建××××新材料科技有限公司			
产权证号	闽(2019)××县不动产权第 0000 字第 ×××号	土地面积	21336 m²(32 亩)	剩余使用年限	至 2066 年 05 月 31 日止
		建筑面积	11758.52 m²		
评估时间	2019 年 01 月 16 日	评估值	2578.67 万元	购买总价	—
二次核估	2433.23 万元(扣除相关税费 145.44 万元)	拟抵押贷款	1700 万元	抵押折率	69.86%
评估机构	福建××房地产评估有限公司	是否在我行评估机构名单中	是	较购买价溢价%	—
备注事项	(1)抵押物现状:抵押物申请人自用,位于××县××工业园(属省级开发区),基础设施配套齐全,产业集聚度较高,有一定规模效应;该土地使用权为国有/工业/出让用地,"五通一平",该地块占地面积 21336 m²(即 32 亩),建筑面积 11758.52 m²;房地产建成于 2018 年。 (2)土地出让金及相关费用缴交情况:相关出让金和税费均已缴交,已办妥产权证。 (3)评估机构、评估方法:经福建××房地产评估有限公司出具预评估,评估价值为 2578.67 万元(土地评估价值 593.14 万元,约 18.53 万元/亩;房产评估价值 1985.53 万元),扣除抵押转让时可能产生的相关税费 145.44 万元,抵押物净值为 2433.23 万元。评估方法:土地采用"基准地价系数修正法"和"成本逼近法"。 (4)二次核估依据:该地块归属××县××工业园管辖范围,根据该区域基准地价及周边企业评估价,认为其土地预估价值合理,较为客观地反映了当前市场价格水平。且该开发区实际已有多家企业入驻并投产,区域内基础设施完善,产业集聚程度高,具备良好的投资价值,因此均予以认同评估价。 (5)变现能力评价:该抵押地块位于××县×××工业园,区域内公共设施配套完善,其周围基础设施达"五通",周围工业企业较多,已形成工业园区,整体工业环境较好,故认为其变现能力较强				

续表

《不动产权证》证号	用途	建筑结构	建筑面积（m²）	评估单价（元/m²）	评估价值（万元）	相关税费（万元）	税后抵押净值（万元）
闽（2019）××县不动产权第0000字第×××号	综合楼	钢混结构	388.60	1798	695.21	—	—
	科研楼	钢混结构	1995.44	1731	345.41	—	—
	门卫室	混合结构	45.51	1396	6.35	—	—
	甲类车间	钢混结构	2080.63	1597	332.28	—	—
		钢混结构	1381.07	1771	244.59	—	—
	甲类仓库	钢混结构	746.07	1477	110.19	—	—
	丙类仓库	钢混结构	150.72	1664	25.08	—	—
		钢混结构	993.65	1477	146.76	—	—
	生产辅助车间	钢混结构	498.83	1597	79.66	—	—
	房产小计		11758.52	—	1985.53	110.19	1875.34

《不动产权证》证号	土地坐落	土地用途	土地面积（m²）	评估单价（元/m²）	评估价值（万元）	相关税费（万元）	税后抵押净值（万元）
闽（2019）××县不动产权第××××××号	××农场	工业用地	21336	278	593.14	35.25	557.89
房地产价值合计			2578.67	145.44	2433.23		

十、还款来源分析

第一还款来源主要来自货款的回笼。根据上述分析，申请人生产能力相对较强，产品销售具有良好的市场基础，各项财务指标总体良好，随着申请人产值增加，将带来充足的现金流，预期通过其正常结算回笼的资金可及时还贷，同时该笔贷款提供土地使用权及房产全额抵押担保，抵押物产权清晰、足值、合法，可办理抵押登记手续。第二还款来源较有保障，贷款整体安全性较高。

十一、风险评价

1.风险分类:拟分类为正常1

理由:(1)申请人有一定投资规模,产品具有较好销售前景,关联企业及实际控制人已积累多年的经营经验,建立相对稳定的客户群体,具有相应的第一还款来源。(2)申请人资产负债结构合理,负债水平低,综合偿债能力强。所提供的抵押物价值充足、易变现,可办妥相应的抵押登记手续,业务风险较可控,第二还贷来源有保障。(3)申请人及关联企业目前无融资和对外担保余额。(4)近期,申请人的经营管理无发生重大不利事项。

本笔信用业务的资金用于申请人的经营周转所需,用途合法合规。故本业务分类结果归于正常1。

2.信用评级

申请人模型评级结果为A3,最终内部评级结果为A3,客户限额1291万元,有效期自2019年03月12日至2020年03月11日。

关联企业北京×××科技有限公司模型评级结果为B1,最终内部评级结果为B1,客户限额1383万元,有效期自2019年03月08日至2020年03月07日。

集团评级模型评级结果为A5,最终内部评级结果为A5,客户限额2674万元,有效期自2019年03月13日至2020年03月07日。

3.核保情况

经办客户经理及业务助理已对申请人及抵押物进行现场核实。

4.授信的优势和劣势分析

优势:福建××××新材料科技有限公司依托于北京××××科技有限公司建立,申请人产品的可替代性弱。(1)现国内唯一的高铁用胶黏剂生产商。(2)是国内唯一一家实现工业化生产美纹纸专用离型材料的企业。(3)新能源领域是申请人今后销售的主要增长点,目前申请人自主研发正极用水性胶黏剂BA-300系列,负极用水性胶黏剂BA-200系列,隔膜涂覆用水性胶黏剂BA-400系列三大系列产品,××科技、××集团、××集团已在进行产品终试,德国EMBATT已完成第一轮实验;公司业务量有保障,随着新厂房的投入使用,申请人生产能力将逐年递增,产品质量提高,市场影响力及竞争力将大大提升,申请人发展前景良好。

劣势：申请人项目处于投建期，投入的现金流量较大，项目投建后的经营前景有待进一步观察。

5.防范措施

(1)授信业务启动后，将加强对其经营情况的跟踪管理，应督促企业通过我行账户回笼资金，确保达到预期水平，以实现项目综合效益；(2)认真审核相关借款、抵押等法律手续；(3)由申请人法定代表人×××及其配偶对全部敞口出具个人担保声明；(4)做好贷后资金监控，防止信贷资金被挪用；(5)抵押的敞口根据申请人抵押物权证手续的办理情况使用，在办妥合法有效的抵押及借款手续后收方可启用相应敞口；(6)加强贷后管理，密切关注申请人经营动态，合理把握授信额度的使用；(7)北京××××科技有限公司对全部风险敞口承担连带责任保证。

十二、总结性意见

综合以上各部分情况及分析，本报告认为：

(1)申请人主体资格合法合规，经营正常有效益，财务状况正常，无异常变动情况。

(2)申请人资产投资起点高，股东实际从业时间长，供销环节稳定，行业发展前景看好，贷款风险较小。

(3)贷款用途用于企业经营周转，用途合法。

(4)随着申请人逐步达产，预期可形成更为充足的现金流，第一还款来源有保障，具备还款能力。

(5)抵押物所处位置较优，权属清晰，足值较易变现，第二还款来源有保障。

(6)本次授信后可取得与申请人后续业务的合作，项目可产生较好的综合效益。

①公司厂房按揭贷款1190万元，期限5年（现余额792.57万元），可带来利息收入212.04万元（年利率执行央行人民币存款基准利率一年期限档次＋5.39%＝1.5%＋5.39%＝6.89%，相当于央行基准利率上浮45%），按月等额本息还款方式，按年浮动。

②预计企业按年日均贷款人民币1200万元测算，可带来利息收入75.60万元（利率为基准上浮45%）。

③预计企业可开立银行承兑汇票人民币 800 万元,可带来保证金日均存款 400 万元(保证金比例为 50%)。

④预计可带来 6000 万元结算回笼量,50 万元日均活期存款。

十三、授信方案安排

拟同意××××系列主体授信 3500 万元(含等值外币),敞口 1700 万元,有效期一年,单一客户主体授信为:福建××××新材料科技有限公司,担保情况:1700 万元以申请人名下房地产抵押(闽(2019)××县不动产权第 0000 字第×××号)。

风险分类:正常 1。

其他要素:本笔授信额度为信贷授信(含现有信用业务余额),用于经营周转,额度可循环使用,授信使用主体为福建××××新材料科技有限公司,可用债项授信品种包括:流贷(含符合条件下配套"连连贷"业务)、银行承兑汇票、工业厂房贷款,其中:流贷额度 1700 万元(风险敞口 1700 万元)、银行承兑汇票额度 3500 万元(风险敞口 1700 万元)、工业厂房贷款余额 792.57 万元(风险敞口 792.57 万元);授信项下单笔流贷业务,经办机构应根据《流动资金贷款管理暂行办法》要求,合理设定流动资金贷款的业务品种和期限;以敞口方式启用的流贷利率执行不低于分行公布指导利率或以分行批复为准。办理银行承兑汇票及国内外信用证保证金比例不低于 50%。

放款条件:(1)办妥完整合法有效的借款、抵押等法律手续,房产需办理保险;(2)申请人法人代表×××及配偶对全部风险敞口出具个人担保声明;(3)抵押人出具声明,对抵押物状态(权利归属、是否出租等情形)进行声明并承诺今后若实施出租、抵押、出售或在抵押土地上新投建建筑物及其他改变抵押物属性和用途的行为前须取得我行书面同意;(4)北京××××科技有限公司对全部风险敞口承担连带责任保证。

贷后管理要求:(1)加强贷后管理,关注申请人经营情况,合理把握授信额度和业务品种的使用,切实防范风险;(2)督促申请人主要结算回笼通过我行办理。

参考文献

[1] 高峻峰.商业银行模拟经营实训沙盘学员手册[Z].成都:杰科力科技有限责任公司,2016.

[2] 宋坤.商业银行经营模拟实训[M].北京:中国人民大学出版社,2012.

[3] 戴国强.商业银行经营学[M].北京:高等教育出版社,2011.

[4] 陈建华.银行信贷管理与实务[M].成都:西南财经大学出版社,2014.

[5] 高鸿业.宏观经济学[M].北京:中国人民大学出版社,2015.

[6] 易纲,吴有昌.货币银行学[M].上海:格致出版社,2014.

[7] 陈学彬.中央银行概论[M].北京:高等教育出版社,2013.

[8] 边智群,程培先.公司理财[M].北京:高等教育出版社,2014.

[9] 王春满,徐立世.金融信托理论与实务[M].北京:高等教育出版社,2015.

[10] 薛洪岩.基础会计[M].上海:立信会计出版社,2014.

[11] 李相志.财务会计[M].北京:清华大学出版社,2016.

[12] 丁元霖.银行会计[M].上海:立信会计出版社,2011.

[13] 王化成.财务管理[M].北京:中国人民大学出版社,2013.

[14] 刘志梅.金融营销学[M].北京:高等教育出版社,2014.

[15] 秦菊香,孙清,毕海霞.中央银行与金融监管[M].北京:高等教育出版社,2014.

[16] 曹建元.房地产金融[M].上海:复旦大学出版社,2016.